Inhalt

4 Achtsamer Umgang mit Wut 69

5 Das Tor zu unserer Kraft 99

Achtsam leben

STEFANIE CARLA SCHÄFER

Wut

Das Tor zu deiner Kraft

SCORPIO

Stefanie Carla Schäfer ist Sportwissenschaftlerin und ausgebildet in Somatic Experiencing sowie weiteren körpertherapeutischen Methoden. Im Zentrum ihrer Bücher und ihrer Arbeit mit Menschen stehen die Verbindung von Körper, Geist und Seele sowie ein freundlicher und wertschätzender Umgang mit Gefühlen. Ihre drei im Scorpio Verlag erschienenen Bücher *Selbstliebe macht stark: So schließen Sie Freundschaft mit sich selbst, NOW! Mit Freude den eigenen Weg gehen*, *NOW! Im Einklang mit dem Gesetz der Anziehung* sowie *Gefühle wollen gelebt werden* und *Happy Woman* fanden zahlreiche begeisterte Leserinnen und Leser. Sie lebt in der Nähe von Köln. Mehr Infos unter *www.cardea-training.de*

Hinweis:
Alle Namen von Patient*innen in diesem Buch wurden geändert.

MIX
Papier aus verantwortungsvollen Quellen
FSC® C014889

Der Umwelt zuliebe
- produzieren wir zu über 90 % in Deutschland
- achten wir auf kurze Transportwege
- drucken wir auf Papier aus nachhaltiger Waldwirtschaft und anderen kontrollierten Quellen

2. Auflage 2024

Umschlaggestaltung: Hauptmann & Kompanie Werbeagentur, Zürich
Lektorat: Désirée Schoen
Layout und Satz: Veronika Preisler, München
Druck und Bindung: Pustet, Regensburg
ISBN 978-3-95803-321-4

Einleitung

Wut gilt im Allgemeinen als unschönes Gefühl, das man möglichst nicht zeigen und am besten ganz vermeiden sollte. Ein wütender Mensch, egal ob jung oder alt, ist unbequem, stellt den schönen Schein infrage und entspricht mit rotem Gesicht und bösem Blick nicht den ästhetischen Maßstäben unserer Zeit.

Ich habe noch nie gehört, dass jemand im Aufwachsen darin bestärkt wurde, wütend zu sein. Haben Sie schon mal Eltern erlebt, die der Wut ihres Kindes mit offenen Armen begegnen? »Brave Mädchen sind nicht wütend«, »Sei ein lieber Junge«, »Wenn du jetzt ruhig bist, bekommst du eine Belohnung« … – diese und ähnliche Sätze haben viele von uns in der Kindheit verinnerlicht, und so bemühen wir uns auch als Erwachsene, uns jederzeit sozialverträglich, liebenswürdig und nett zu verhalten.

Daran ist natürlich auch nichts auszusetzen – ganz im Gegenteil! Allerdings bin ich mir sicher, dass gerade hinter der freundlichen Fassade vieler netter Menschen eine unterdrückte Wut schlummert,

die zu spüren und zu äußern sie sich bislang nur nicht getraut haben. Bestimmt kennen auch Sie solche lieben Menschen, die sich oft besonders im sozialen Bereich engagieren, für andere da sind, sich so selbstlos verhalten, dass sie möglicherweise leicht ausgenutzt werden – und für die Wut meistens ein Fremdwort ist.
Der Preis für den Verzicht auf dieses notwendige Gefühl ist allerdings hoch. Zum einen, weil alles, was nicht auf gesunde Weise geäußert wird, im Inneren gärt und dort auf Dauer großen Schaden anrichten kann. Zum anderen, weil Menschen, die sich ihre Wut nicht eingestehen, oft in ihren Grenzen verletzt werden und sich in ihren Beziehungen unnötig klein halten lassen, gemäß dem Motto: »Mit ihr/ihm kann man es ja machen!«

Die Entdeckung der eigenen Wut und ein gesunder und achtsamer Umgang damit hat dagegen viele positive Effekte – und kann sogar zu einer zutiefst heilsamen und transformierenden Erfahrung werden! Ich möchte Sie mit diesem Buch einladen, in dem Gefühl der Wut einen Freund kennenzulernen, jemanden, der stets auf Ihrer Seite ist. Eine kraftvolle Energie, die Ihnen geschenkt wurde, um für sich einzustehen, sich zu behaupten und wenn nötig zu verteidigen. Je besser Sie diesen Freund kennen und zu schätzen wissen, desto mehr werden Sie in ihm das Tor zu Ihrer Kraft entdecken. Und in der eigenen Kraft zu sein ist ein großartiges Gefühl.

Keine Sorge, das bedeutet nicht, dass Sie sich fortan rücksichtslos verhalten oder gar anderen Menschen wehtun müssen. Vermutlich liegt Ihnen ein positives und menschliches Miteinander genauso am Herzen wie mir. Es geht vielmehr darum, dass Sie sich erlauben, etwas zu empfinden, das Sie vielleicht lange verneint haben, und mit dieser neuen Energie umzugehen lernen. So als ob Sie auf einmal ein neues, schnelleres Auto führen.

Möglicherweise werden sich Ihre Beziehungen verändern, wenn Sie auf gesunde Art und Weise mit Ihrer Wut und Kraft verbunden sind, anstatt sie zu unterdrücken. Diese Veränderung wird positiver Natur sein und Sie mit einem Gefühl von Respekt, Selbstwert und Lebendigkeit belohnen.

Die Wissenschaft hat festgestellt, dass auch Symptome von Depression und Ängsten nachweislich zurückgehen, sobald ein Mensch seine oftmals lange unterdrückte Wut entdeckt und lernt, damit auf gesunde Weise umzugehen. Die Integration dieser Kraft wird also auf allen Ebenen maßgeblich zu Ihrer Gesundheit beitragen.

Doch wie kann der Weg dahin gelingen? Wie ist es möglich, das positive Potenzial der Wut zu entdecken, wenn Sie möglicherweise früher negative Erfahrungen damit gemacht haben, sie zu äußern, oder sich meilenweit davon entfernt fühlen, überhaupt einen Wut-Impuls in Ihrem Inneren zu spüren?

Eine große Rolle dabei spielt Ihr Körper, so viel sei schon mal verraten. Denn wir leben heute in einer sehr kopf- und verstandesorientierten Zeit, in der leider viele von uns verlernt haben, ihren Körper und ihre Emotionen wahrzunehmen und zu spüren. ***Indem es gelingt, uns wieder mit der Weisheit unseres Körpers zu verbinden und seinen Impulsen zu folgen, anstatt sie »wegzudenken«, regulieren wir uns selbst auf gesunde Weise und kommen wieder in unsere natürliche Kraft.***

Auch Spiritualität ist eine wunderbare Kraftquelle, die unserem Leben einen höheren Sinn gibt. Allerdings sollte sie nicht dazu benutzt werden, unsere »dunkle Seite« – dazu zähle ich ungeliebte Gefühle wie Wut, Schmerz und Scham – wegzudrängen.

Ich nenne dieses Phänomen gerne die »Licht-und-Liebe-Falle« – alles menschlich Schwierige wird im Lichte falsch verstandener Spiritualität schöngeredet, dadurch aber nur ins Unbewusste verschoben, wo es weiter schwelt und auf Dauer Schaden anrichten kann. *Besser ist es, unser spirituelles Bewusstsein dazu zu nutzen, Licht in die dunklen Ecken unserer Psyche zu bringen und unsere Schatten wirklich anzuschauen, als authentischen Teil von uns anzunehmen und zu integrieren.* Denn interessanterweise wandelt sich dann oft der abgelehnte Aspekt in einen großen Schatz, der unserem persönlichen Wachstum dient. Dann wird zum Beispiel Wut zum Tor zu unserer Kraft.

In diesem Ratgeber möchte ich Sie ermuntern, sich dem Gefühl der Wut bewusst auf eine neue, achtsame Weise anzunähern und das große Heilungs- und Kraftpotenzial zu entdecken, das hier verborgen liegt. Es ist eine Reise, die sich lohnt und die sogar richtig Spaß machen kann. Eines ist sicher: *Wut ist nur dann gefährlich, wenn sie im Verborgenen schwelt und unachtsam ausagiert wird; in die richtigen Bahnen gelenkt jedoch, sorgt sie für neue Lebendigkeit und oftmals für positive Veränderungen.*

1

Wut – ein gesundes Gefühl

Das Feuer in uns

Wir sind umgeben von den vier Elementen Erde, Wasser, Luft und Feuer. Jedes davon verkörpert eine bestimmte Qualität, die wir zum Leben brauchen. Wir brauchen Wasser zum Trinken, Luft zum Atmen, die Erde, auf der wir leben und die uns nährt – und wir brauchen Feuer, um uns zu wärmen.

Niemand käme auf die Idee zu behaupten, ein Element sei schlechter als das andere, denn wir brauchen jedes einzelne, um im Gleichgewicht zu sein. In der indischen Lehre des Ayurveda gibt es sogenannte Konstitutionstypen, die in jeweils unterschiedlicher Ausprägung die Elemente verkörpern. Jeder dieser Typen braucht zum persönlichen und energetischen Ausgleich auch die ihm von der Konstitution her fehlenden Teile. Übertragen wir

unsere Emotionen auf die Elemente, steht die Wut für das Element Feuer.
Meiner Beobachtung nach müssten viele von uns ihr gesundes, inneres Feuer (neu) entdecken und entfachen. An diese Menschen richtet sich dieses Buch. Ein Feuer wärmt und ist lebendig, und wenn es in uns selbst brennt, bedeutet dies nicht einfach Wut, sondern kraftvolle Lebensenergie.
Idealerweise können wir unser Feuer selbst regulieren, bei Bedarf die Flamme hochdrehen oder auch runter. Wir wissen, dass wir diese kraftvolle Energie in uns haben, die uns mit unserer Kraft verbindet. Brennt das innere Feuer nur auf Sparflamme oder ist es bereits erloschen, ist ein Mensch kaum spürbar. Brennt es dagegen lichterloh und raumgreifend, kann es großen Schaden verursachen. Wir brauchen also ein Bewusstsein, eine Verbindung und einen gesunden Umgang mit diesem Feuer, das sich auf alle Ebenen unseres Seins bezieht:

- Auf emotionaler Ebene bedeutet es, sich wehren, abgrenzen und Aggressionen zeigen zu können.
- Auf körperlicher Ebene bedeutet es eine gesunde Aktivierung unserer Muskelkraft und unseres Blutdrucks sowie das Potenzial unserer Stimme und Atmung zu nutzen.

- Auf energetischer Ebene steht ein Mensch, der sein Feuer kennt und nutzt, in seiner vollen Größe.

Warum wir Wut verlernt haben

Es gibt verschiedene Gründe, warum jemand scheinbar keine Verbindung zu seiner Wut hat, auch wenn diese angebracht wäre. Damit meine ich nicht wahrhaft zufriedene Zeitgenossen, die einfach mit sich und der Welt im Einklang sind und bei denen es keinen Anlass zur Wut gibt. Wenn diese Menschen in ihren Grenzen verletzt werden, können sie nämlich meist auf gesunde Weise für einen Ausgleich der Situation sorgen, bei Bedarf also ihre Kraft hervorholen. Ich meine eher die lieben Seelen, die Konflikte lieber vermeiden und dazu neigen, Probleme in sich hineinzufressen, statt vielleicht den Schritt in die gesunde Aggression zu wagen. Dahinter steht immer eine Geschichte, deren Muster es sich bewusst zu machen gilt.

Wie schon eingangs erwähnt, werden die wenigsten Menschen in ihrer Erziehung darin unterstützt, dass Wut einfach ein gesundes Gefühl ist wie jedes andere auch. Weil Kinder am Vorbild ihrer Eltern oder Bezugspersonen lernen, prägt sich ihnen deren Haltung in der Regel fest ein. War Wut im Elternhaus ein Tabu, übernimmt das Kind oft diese Einstellung.

Aber auch das Gegenteil kommt vor: Ein Kind, das sehr wütend ist, bringt oft die nicht gelebte Wut eines ganzen Familiensystems zum Ausdruck.

Dabei gilt es zu bedenken, dass die Generation unserer Eltern und Großeltern, die im Krieg oder auch danach geboren wurden, oft mit Traumata und existenziellen Sorgen aufwuchs und die Frauen wesentlich abhängiger waren als heute. Sie konnten sich den Luxus der Selbstbestimmung, den Wut mit sich bringen kann, oft gar nicht leisten.

Nicht wenige Menschen sind aber auch mit einem aggressiven Elternteil aufgewachsen und haben daher Wut als sehr bedrohlich erfahren. Dann ist es mehr als verständlich, dass sie sich zu harmoniebedürftigen, vorsichtigen Menschen entwickeln, die jede Form von Wut instinktiv mit großer Gefahr assoziieren.

Einer der Hauptgründe, warum Menschen ihre Wut verdrängen, ist ein tief verwurzeltes Gefühl der Abhängigkeit. Diese rührt meist aus Kindertagen her, denn da waren wir tatsächlich existenziell auf Versorgung und Liebe von außen angewiesen. Nehmen wir als Beispiel eine ungesunde Beziehung, die nur aus Angst vor dem Alleinsein aufrechterhalten wird: Sich die schmerzhafte Wahrheit einzugestehen würde möglicherweise bedeuten, sich eine gesunde Wut zu erlauben und deutliche Veränderungen vornehmen zu müssen. Außerdem wäre man mit dem Alleinsein konfrontiert … Als soziale Wesen mit einem starken Bedürfnis nach Gemeinschaft scheuen dies viele von uns.

Die eigene Wut und Kraft zu entdecken hat daher viel damit zu tun, das innere Kind zu heilen und sich aus den Fesseln ungesunder Abhängigkeiten zu lösen.

Ein Mangel an menschlicher Unterstützung und das Fehlen von äußerer positiver Spiegelung und Bestärkung unserer Gefühle im Aufwachsen können ebenfalls dazu führen, nicht in Kontakt mit der eigenen Wut zu sein. Denn um uns unseren Emotionen zu stellen, brauchen wir eine gewisse innere und äußere Sicherheit, sonst trauen wir uns und unseren Gefühlen nicht über den Weg.

Doch selbst wenn ein Mensch in der Kindheit nie die emotionale Bestätigung für die Berechtigung seiner Empfindungen bekommen hat, kann dies im späteren Leben, eventuell innerhalb eines therapeutischen Prozesses, ein Stück weit nachgeholt werden. Dann trauen sich auch die eingefrorenen Empfindungen aus ihrem Winterschlaf, zum Beispiel kann endlich eine gesunde Wut erwachen.

2

Die Botschaft der Wut

Die hinduistische Göttin Kali gilt als Göttin der Zerstörung, aber auch der Erneuerung. In der indischen Mythologie verkörpert sie den Zorn der Göttin Durga. Ist es nicht interessant, dass man bereits in der Antike in der Wut eine so essenzielle Qualität erkannte, dass man sie mit Göttern in Zusammenhang brachte? Schon damals wusste man: Ohne Zerstörung gibt es keine Erneuerung, ohne Gewitter keine klare Luft.
Wut hilft uns, uns im Leben zu behaupten.

Gesunder Ausdruck von Gefühlen

Wenn wir Ungerechtigkeit, Verletzung oder Überschreitung unserer persönlichen Grenzen erfahren, stellt die Wut uns automatisch die notwendige Energie zur Verfügung, um beherzt zu handeln –

zum Beispiel, um Grenzen neu zu setzen und unausgewogene Situationen ins Gleichgewicht zu bringen.

Andrea engagierte sich bei der Zeitung, für die sie arbeitete, mit viel Herzblut für ein bestimmtes Projekt. Ihre Arbeit trug Früchte und sollte ausgezeichnet werden – jedoch war es für die externe Kommission nicht ganz offensichtlich, dass Andrea die treibende Kraft hinter diesem Projekt war. Ihr Kollege Mike nutzte die Gunst der Stunde und stellte aufgrund von Andreas Abwesenheit an diesem Tag den Erfolg hauptsächlich als sein Verdienst dar.
Als Andrea davon erfuhr, wurde sie natürlich unglaublich wütend. Obwohl es ihr vor allem um den Inhalt des Projektes ging – eine Initiative, die Schüler zum Schreiben bewegen sollte –, fand sie es ungerecht, dass jemand anders die Lorbeeren für diese Idee einheimsen wollte. Sie brütete und grübelte einige Tage, was sie nun machen sollte – schließlich wollte sie einerseits professionell bleiben und es sich beruflich mit niemandem verderben, aber andererseits konnte sie das auch nicht auf sich sitzen lassen. Sie fasste sich ein Herz und sprach das Thema in der Redaktionssitzung in Anwesenheit aller an, worauf sie von allen Seiten vehement in ihrem Recht bestärkt wurde. Ihre Wut ebbte wieder ab und machte einer entspannten Zufriedenheit Platz. Sie war für sich eingestanden.

Ich vergleiche Gefühle gerne mit den zahlreichen Spielarten des Wetters, wie Sonne, Regen, Gewitter, Schnee, Wind usw. Jede davon hat ihre ganz eigene Qualität, und kein Zustand ist von Dauer. Allerdings bringt jede Wetterform auch ihre eigenen Vorteile für die Natur und ihr Gleichgewicht mit sich. Genauso verhält es sich mit unseren Gefühlen. *Wenn wir einen Gefühlszustand einfach da sein und wie eine Welle durch unser Erleben fließen lassen können, geht er auch ohne weiteres Zutun wieder vorbei.* Dabei gilt es, das Gefühl im Körper wahrzunehmen und eventuell auszudrücken, gut für sich zu sorgen und das Bedürfnis zu erkennen, das möglicherweise hinter diesem Gefühl verborgen liegt.

Wenn wir also die Botschaft eines Gefühls erkennen und entsprechend handeln, vergeht es nach einer Zeit von ganz allein – auch die Wut.

Wurde die Wut bislang unterdrückt, kann ihre Entdeckung als gesunde und natürliche Kraft ein wichtiger Schlüssel für grundsätzliche und positive Veränderung im Leben sein und Platz schaffen für eine gesunde Autonomie; sie kann uns helfen, Altes hinter uns zu lassen und den Weg für Neues zu bereiten.

REFLEXION

Bestandsaufnahme: Meine Wut

Nehmen Sie sich einen Moment Zeit und überlegen Sie:

- Wurden Sie im Aufwachsen darin unterstützt, Ihre Emotionen zu spüren – durften Sie wütend sein?
- Wie stehen Sie generell zum Gefühl von Wut in Ihrem Leben?
- Wie ist Ihr Körperempfinden, was geschieht in Ihnen, wenn Sie sich ärgern oder wütend sind?
- Geben Sie sich selbst die Erlaubnis, Grenzen zu setzen, deutlich Stopp und Nein zu sagen?
- Haben Sie schon mal erlebt, wie Sie durch den gesunden Antrieb von Wut ins Handeln kamen und sich dadurch etwas positiv verändert hat in Ihrem Leben – Sie zum Beispiel etwas »geradegerückt« haben?
- Wie stehen Sie zur Wut anderer Menschen – können Sie diese akzeptieren?

Ausdrucksformen unterdrückter Wut

Energie sucht sich immer ihren Weg. Sie kann sich wandeln, aber nicht in Luft auflösen. Auch unsere Gefühle sind Energie. Geben wir ihnen nicht den ihnen zustehenden Raum, indem wir sie in Körper und Seele wahrnehmen und ihnen bei Bedarf Ausdruck verleihen, macht sich diese Energie auf eine andere Art bemerkbar. Das kann zu Beschwerden auf körperlicher, geistiger und seelischer Ebene führen.

Körperliche Anzeichen

In der chinesischen Medizin gilt die Leber als »Mutter der Emotionen« und treibende Kraft für die Ordnung von Körper und Seele. Interessanterweise werden auch Wut und Ärger mit der Leber und der ihr zugehörigen Gallenblase assoziiert. Die Leberenergie ist im Gleichgewicht, wenn ein Mensch sich auf gesunde Weise zum Ausdruck bringt, durchsetzt und seine Kraft und Kreativität bestmöglich nutzt. Kraft und – bei Bedarf – Wut, um sich zu verteidigen und zu verändern, sind zwei Ruderer im gleichen Boot.
Nicht umsonst heißt es im Volksmund: »Ist dir eine Laus über die Leber gelaufen?« oder: »Mir kommt die Galle hoch«, wenn Ärger oder Wut spürbar in der Luft liegen. Idealerweise führt ein Ausdruck dieser Gefühle, beispielsweise ein klärendes Gespräch oder ein Aufzeigen der eigenen Grenzen, zu einem Ausgleich der Situation. Kommt es nicht zu

dieser Transformation durch die Energie der Wut, bleiben Menschen dauerhaft zum Beispiel in chronisch belastenden Situationen, Arbeitsverhältnissen oder Beziehungen gefangen, sind nicht selten Probleme mit Leber und Gallenblase die Folge. Die Leber besitzt sowohl auf organischer als auch auf energetischer Ebene eine Reinigungsfunktion. Schaffen wir es nicht, uns von Ballast zu befreien, vergiften wir uns selbst, sei es mit angestauten Emotionen wie zum Beispiel heruntergeschluckter Wut oder unverdaulichen Nahrungsmitteln. In der Folge muss unsere Leber Schwerstarbeit leisten und kann überfordert sein und ins Stocken kommen.

Ein anderer körperlicher Ausdruck von Wut und innerer Hitze ist ein erhöhter Blutdruck. Einem wütenden Menschen sieht man förmlich an, wie er unter Druck steht.

Chronischer Bluthochdruck ist eine der am weitesten verbreiteten Erkrankungen, deren Ursachen medizinisch oft nicht geklärt sind. Meines Erachtens hat er viel mit der Summe an nicht ausgedrückter emotionaler Energie zu tun.

Auch die ganze Palette an autoaggressiven Symptomen und Erkrankungen, wie zum Beispiel Allergien, kann in Zusammenhang mit unausgelebter Wut stehen. Die Bezeichnung *autoaggressiv* spricht hier schon für sich. Aggression bedeutet Angriff, und richtet sich dieser nicht auf etwas Äußeres, tobt sich die entsprechende Energie im Inneren aus. Ich selbst litt jahrelang an ausgeprägtem Heuschnupfen, weiß also, wie sich dieser Kampf im eigenen Körper anfühlt. Tatsächlich ist dieses Problem inzwischen verschwunden. Ich führe das auf meine innere Arbeit in den letzten Jahren zurück, wobei mein Körper die Bühne dieser Veränderung ist.

Depression und Süchte

Findet Wut einen gesunden Ausdruck, ist Lebendigkeit die Folge. Daher wird Depression auch mit nicht gelebter Aggression im Sinne von Lebensenergie in Zusammenhang gebracht. Die eigene Kraft wird unterdrückt. Entsprechend fühlen depressive Menschen sich in der Regel energie- und antriebslos.

Viele Menschen versuchen, die Frustration darüber, nicht zu bekommen, was sie eigentlich möchten, mit Suchtmitteln wie Alkohol und übermäßigem Essen zum Verschwinden zu bringen – was allerdings in der Regel nicht zufriedenstellend funktioniert. Manchem Alkoholiker öffnet sich zwar durch das Trinken das Tor zu seiner Wut, und er wird durch den Alkohol ungehemmter im Ausdruck seiner Emotionen, was aber natürlich nicht

der richtige Weg ist und die Situation zumeist nur schlimmer macht.
Anstatt uns zu betäuben oder unangemessen auszuleben, sollten wir lieber alles tun, um Ressourcen, Wege und Bewusstsein dafür zu entwickeln, wie wir uns und unser Potenzial kreativ ausdrücken können.

Zynismus

Das wahre Empfinden eines Menschen, der mit Zynismus reagiert, ist alles andere als witzig. Dahinter verbirgt sich oft eine schwelende, teilweise schon kollabierte Energie, die bislang keinen gesunden Ausdruck gefunden hat. Zyniker leiden oft an einer tiefen Frustration über nicht erfüllte Bedürfnisse sowie seelischem oder auch körperlichem Schmerz. Zynismus bedeutet verbale und passive Aggression. Nicht gelebte emotionale und körperliche Impulse werden auf die Ebene des verbalen Ausdrucks verschoben – im Prinzip handelt es sich um intellektualisierte Wut.
Wenn es dem Zyniker gelingt, Schritt für Schritt seine wahren Gefühle ins Bewusstsein zu holen und zu empfinden, kann dadurch der innere Druck weichen, um einem Gefühl von Weichheit und menschlicher Verbindung Platz zu machen.

Generelle Unzufriedenheit

Sind Menschen nicht erfüllt, sondern mit sich und der Welt unzufrieden, findet diese Wut auf sich selbst oft Ausdruck in Nörgeln, Schuldzuweisungen oder Lästern über die anderen. Menschen, die innerlich einen hohen Anspannungsgrad haben, scheinen manchmal förmlich Konflikte oder schwierige Situationen zu suchen, um eine Möglichkeit zu finden, sich zu entladen.
Zu lernen, Verantwortung für sich zu übernehmen, ist hier besonders wichtig.

Das Umfeld

Was wir in uns selbst unterdrücken, bringt in der Regel unser nächstes Umfeld zum Ausdruck. Manche Menschen scheinen selbst sehr friedlich zu sein, haben aber immer wütende Menschen in ihrer Nähe. Beispiele dafür sind die liebevolle Mutter, deren Kind immer so unglaublich wütend ist, oder die genügsame Ehefrau, die schon seit 30 Jahren mit einem Choleriker verheiratet ist – oder umgekehrt.
Interessant wird es dann, wenn sich Elemente eines solchen Systems bewegen, zum Beispiel die Mutter anfängt, Grenzen zu setzen. Dann verändert sich das gesamte System.

ÜBUNG

Im Dialog mit der Wut

Diese Übung ist wunderbar geeignet, um mit Ihrer Wut besser in Kontakt zu treten, sie kennenzulernen und ihre Botschaft zu ergründen. Je neugieriger und unvoreingenommener Sie an diese Übung herangehen, desto besser wird sie funktionieren und Sie möglicherweise verblüffen. Nehmen Sie sich Zeit, wirklich in Ihren Körper hineinzuspüren und sich nicht von der Stimme Ihres Verstandes ablenken zu lassen. Planen Sie mindestens eine Stunde Zeit ein für diese Übung. Sorgen Sie dafür, dass Sie in dieser Zeit ungestört sind. Sie haben nämlich ein Date mit einem Freund – Sie treffen sich mit Ihrer Wut.

- Stellen Sie zwei Stühle einander gegenüber auf. Der eine ist für Sie, der andere Stuhl steht symbolisch für Ihre Wut – als sei sie ebenfalls eine Person.
- Setzen Sie sich nun zunächst auf Ihren Stuhl. Machen Sie es sich bequem, die Füße fest auf dem Boden, und stellen Sie sich darauf ein, die Wut und Ihr Verhältnis zu ihr zu ergründen.
- Schließen Sie die Augen und stellen Sie sich bildlich vor, wie die Wut-Energie auf dem anderen Stuhl Ihnen gegenübersitzt. Wie sähe sie wohl aus, wenn sie ein Wesen wäre?
- Begrüßen Sie die Wut freundlich, im Bewusstsein, dass sie ein Teil von Ihnen ist, der eine positive Absicht hat.

Sagen Sie zum Beispiel: *Ich möchte dich besser kennenlernen.*

- Wechseln Sie dann den Stuhl und spüren Sie in sich hinein. Sie befinden sich jetzt praktisch in den Schuhen Ihrer Wut. Wie fühlt sich das körperlich an, was möchten Sie vielleicht ausdrücken? Geben Sie Ihrem Denken eine Pause und fühlen Sie einfach. Was würden Sie aus dieser Perspektive zu sich selbst sagen? Lassen Sie sich Zeit, in sich hineinzuspüren, und drücken Sie aus, was sich zeigt.
- Nun gehen Sie wieder zurück auf den ersten Stuhl. Bedanken Sie sich bei Ihrer Wut. Stellen Sie ihr Fragen, die Sie beschäftigen, zum Beispiel: *Was willst du mir sagen? Was brauchst du von mir? Was soll ich in Situation XY tun? Wie werden wir zwei ein gutes Team?* Dann setzen Sie sich wieder auf den Stuhl der Wut und spüren der Antwort in sich nach.
- Wechseln Sie neugierig zwischen den Positionen hin und her. Wertschätzen Sie Ihr Gegenüber wie einen guten Freund und finden Sie Vereinbarungen für Ihre Beziehung, zum Beispiel: *Bis zum Wochenende rede ich mit meinem Chef.*
- Beenden Sie die Übung, indem Sie sich beieinander bedanken und freundlich voneinander verabschieden.
- Machen Sie sich Notizen – oder wenn Sie kreativ veranlagt sind, malen Sie ein Bild zu dieser Erfahrung.

3

Wut im Körper

Kampf oder Flucht

Auch wenn sich unsere Gesellschaft vorwiegend über den Intellekt definiert, sind wir Menschen biologische Wesen mit einer natürlichen Körperintelligenz. Wir haben mit allen anderen Säugetieren eine wichtige körperliche Funktion gemeinsam: den Impuls, bei Gefahr zu kämpfen oder zu fliehen.

In Situationen, in denen wir angegriffen oder unsere Grenzen überschritten werden, reagiert normalerweise instinktiv der Teil unseres Gehirns, der evolutionär gesehen für unser Überleben zuständig ist. Unser Körper schüttet Adrenalin aus, um den Muskeln die notwendige Energie für einen möglichen körperlichen Kampf oder auch für die Flucht bereitzustellen. Wenn alles so abläuft, wie die Evolution es vorgesehen hat, sorgt die körperliche Anstrengung durch das Kämpfen oder Weglaufen dafür, dass der Körper diese Energie wieder abbaut und sich das System regulieren und entspannen kann. Auf biologischer Ebene vervollständigt sich etwas, und auch auf der emotionalen Ebene wird diese körperliche Reaktion als »ganz machend« empfunden. Der Mensch kommt wieder ins Gleichgewicht.

Während unsere Vorfahren noch häufiger körperliche Auseinandersetzungen hatten, ist es heute nicht mehr üblich, Konflikte auf dieser Ebene auszutragen. Das hat natürlich eindeutig Vorteile – schließlich leben wir in einer zivilisierten Welt. Im Büro wäre es in einer Konfliktsituation völlig unangebracht, mit dem Kollegen zu ringen. Aber auch die andere evolutionär angelegte Strategie – Weglaufen – kommt heutzutage meistens nicht infrage.

Das Problem ist, dass nicht abgeschlossene biologische Reaktionen in einem bestimmten Maß als »eingefrorene Energie« im Nervensystem verbleiben und sich dann beispielsweise als innere Anspannung im System, oft verbunden mit einem Gefühl von unterdrückter Wut, Reizbarkeit und weiteren Symptomen, zeigen können. Für ein gesundes Verständnis von Wut ist es aus diesem

Grund unerlässlich, die natürlichen Reaktionen unseres Körpers zu erkennen und zu integrieren. Die von dem Traumaforscher Peter Levine entwickelte Methode *Somatic Experiencing* ist eine wunderbare und effektive Möglichkeit, in einem therapeutischen Setting diese Energien zu mobilisieren, nicht vollständig abgelaufene Reaktionen zu einem gesunden Abschluss zu bringen und so wieder ein wohltuendes Gleichgewicht auf jeder Ebene herzustellen. Ein Gewahrsein des eigenen Körperempfindens und der eigenen Kraft sowie eine höhere Präsenz in Körper und Bewusstsein sind angenehme Begleiterscheinungen. Die eigene Energie kommt wieder ins Fließen, und es entsteht ein Gefühl von Ganzheit.

Die Kraft im Bauch

Dem Bauch kommt in allen Traditionen und Lehren eine besondere Bedeutung zu. Er ist nicht nur der Sitz unserer lebenswichtigen Organe und der heilige Ort, wo neues Leben entsteht und heranwächst, er ist auch auf jeder Ebene ein wahrer Kraftplatz.

Das japanische Wort »Hara« für Bauch bedeutet Quelle des Lebens, und auch in der chinesischen

Medizin wird der Bauch als Quelle der kosmischen Energie angesehen. Sind wir in gutem Kontakt zu unserer Mitte, nähren uns angemessen, atmen tief und zentrieren uns, ist unser Bauch energetisch gut versorgt. Zahlreiche Atem- und Körperübungen, zum Beispiel im Yoga, sollen uns helfen, die Kraft in der Mitte zu stärken. Auch Sportler verschiedener Disziplinen, besonders in Kampfsportarten, wissen um die Kraft im Bauch und ihre Bedeutung im Zusammenhang mit Atmung, Bewegung und Stimme.

Während im östlichen Verständnis der Bauch immer schon das Zentrum unseres Wesens war, kommen auch wir im eher kopfbetonten Westen langsam dahinter, welche Bedeutung und Weisheit darin liegt. Unter anderem konnten Forscher zelluläre Ähnlichkeiten zwischen Darm und Gehirn nachweisen, was zur Benennung des sogenannten Bauchhirns führte.

Bekanntlich sitzen auch unsere Intuition und Gefühle im Bauch und geben uns durch ein gutes oder schlechtes »Bauchgefühl« wichtige Hinweise für unsere Lebensentscheidungen. Der Volksmund spricht außerdem von »Wut im Bauch«, wenn jemand angestaute Energie und Emotionen in sich trägt. Wie ein kleiner Vulkan, in dem es ständig wie kurz vor einer Explosion rumort, wartet die Wut-energie darauf, aus dem Bauch in die Peripherie des Körpers zu gelangen und sich dort zu entladen. *Die Vorstellung dieser Kraftquelle im Bauch erinnert an einen Motor, der einem Auto die notwendige Energie bereitstellt, um in Bewegung zu kommen. Ohne diesen Motor käme das Auto nicht vom Fleck. Wenn wir in der Wut das Tor zu unserer Kraft entdecken wollen, die wir immer in uns tragen, finde ich dieses Bild sehr hilfreich. Ein Motor, auch ein innerer, schenkt uns Triebkraft für positive Veränderungen. Wir dürfen sie bewusst nutzen!*

Körperbewusstsein: Fletsch die Zähne, zeig die Krallen

Auf dem Weg persönlichen Wachstums ist es ein wichtiger Schritt, die Aufmerksamkeit wieder verstärkt vom Kopf in den Körper zu lenken. Als wir klein waren, kannten wir diesen natürlichen Zustand noch sehr gut. Kinder sind präsenter und lebendiger im Hier und Jetzt, drücken ihre Impulse unmittelbarer aus. Als Erwachsene müssen wir das oft neu lernen. Unser Denken und die Fähigkeit, zu analysieren und zu reflektieren, sind häufig sehr gut ausgeprägt, was allein aber keine emotionale Heilung bewirkt, im Gegenteil: Oft steht der

Verstand sogar dem Gefühl im Weg oder ignoriert die Botschaften des Körpers.
Verglichen mit unserem Denken und der Bedeutung, die wir ihm beimessen, ist die Fähigkeit der bewussten und differenzierten Körperwahrnehmung bei vielen Menschen eher schwach ausgeprägt, manchmal regelrecht abgeschnitten. Allerdings lässt sich dieses Bewusstsein wieder trainieren – zum Glück. Regelmäßige Meditation, in der einfach nur das Körperempfinden und der Atem beobachtet werden, sind sehr hilfreich, um genauer in uns hineinzuspüren – besonders im Alltag, wo alles oft sehr schnell geht und uns unsere emotionalen Reaktionen auf zwischenmenschliche Begegnungen nicht selten erst im Nachhinein bewusst werden.

Wenn wir beginnen, die körperliche Ebene der Wut in uns zu erforschen, werden wir spannende Reaktionen und Impulse unseres Körpers entdecken: Die Muskeln spannen sich an, wir ballen die Fäuste und ziehen die Augenbrauen zusammen. Wut versetzt den Körper in Alarmbereitschaft, er schüttet die Stresshormone Adrenalin und Noradrenalin aus. Der Puls klettert in die Höhe, und der Blutdruck steigt. Unser Körper begibt sich in den gleichen Angriffs- und Verteidigungsmodus, den wir auch bei Tieren beobachten können – bei ihnen allerdings ungebremster. Wenn zum Beispiel zwei Hunde miteinander kämpfen, fletschen sie die Zähne, knurren laut, und man sieht ihre Körperspannung. Betrachtet man zwei Menschen, die eine Auseinandersetzung haben, sieht man auch meist deutlich, dass sie den Oberkörper vorlehnen, die Energie in die oft gestikulierenden Arme zieht, und man hört, wie die Streitenden die Stimme anheben. Allerdings bleibt meist der körperliche Kampf aus – was ja auch sinnvoll ist, nur: ***Wohin mit der mobilisierten Energie? Genau das ist das Problem – sie sitzt gewissermaßen eingefroren in unserem Nervensystem, in unseren Zellen und macht sich bemerkbar als unterschwellige Spannung, die erlöst werden möchte.***

Den Körper entladen

Nicht umsonst sagen wütende Menschen Sätze wie »Ich muss mich abreagieren« oder »Ich bin so geladen«. Der Weisheit des Körpers und seinem Bedürfnis auf gesunde Weise zu folgen ist der Schlüssel zur Selbstregulation.

Das folgende Protokoll einer therapeutischen Sitzung beschreibt, wie das bewusste Körpererleben, Wahrnehmen und Ausdrücken der eigenen Impulse in einer solchen Situation einen heilsamen, vervollständigenden Effekt hat.

Patricia ist Leiterin einer sozialen Einrichtung und erlebt dort seit Monaten eine sehr unangenehme Mobbingsituation. Sie beschreibt den Zustand am Arbeitsplatz wie einen Krieg, in dem sich zwei Fronten gebildet haben. Ihre Assistentin enthält ihr Unterlagen vor, die sie für ihre Arbeit braucht – was sie verständlicherweise sehr wütend macht.

P. sitzt auf einem Stuhl im Therapieraum und denkt an ihre mobbende Mitarbeiterin. Ich sehe, wie sich ihre Hände zu Fäusten ballen und ihr Kiefer sich anspannt.
T.: Spürst du gut den Boden unter deinen Füßen?
P.: Ja … aber ich will am liebsten aufstehen, zu ihr (der Kollegin) hingehen und sie schütteln.
P.s Augen sind verengt und blitzen.
T.: Wenn die Kollegin hier im Raum wäre, wo stünde sie?
P.: Sie säße da hinten in der Ecke, mit dem Rücken zu uns.
T.: Gut. Geh zu ihr rüber. Aber es ist wichtig, dass du ganz präsent bei deinem Körpererleben bleibst, ja?
P. steht auf, macht sich groß und wendet sich der Ecke zu, wo in ihrer Vorstellung die Kollegin sitzt. Ich sehe, wie es in ihr brodelt.
T.: Was ist dein Impuls?
P.: Sie soll sich umdrehen! … Jetzt schaue ich ihr in die Augen … Sie soll sehen, dass sie das mit mir nicht machen kann.
T.: Spür mal nach, wie sich das in deinem Körper anfühlt!

P. stemmt die Hände in die Hüften, lehnt sich nach vorn und verlagert das Gewicht auf das vordere Bein.

P.: Ich spüre, wie die Kraft aus meinem Bauch nach oben steigt – in die Arme.

Sie ballt erneut die Hände zu Fäusten.

P.: Mir wird heiß. Ich habe das Gefühl, als schieße die Energie aus meinen Augen. ... Das fühlt sich gut an ... Ich spüre meine Kraft!

Sie atmet hörbar.

T.: Sehr gut! Gib dir Zeit, das zu spüren.

P. scheint immer mehr zu wachsen und geht noch etwas näher an die imaginäre Kollegin heran. Ich sehe die Spannung in ihren Armen und Händen.

T.: Was wollen die Hände machen?

P.: Sie wollen kräftig auf den Tisch hauen!

T.: Okay, mach das mal ganz langsam und in Zeitlupe.

P. geht zum imaginären Tisch, hebt den rechten Arm und lässt in Zeitlupe die Faust darauf sinken. Ihre Mimik bringt dabei auf beeindruckende Weise ihren aggressiven Impuls zum Ausdruck, sie reißt den Mund auf und zeigt die Zähne. Es sieht aus, als ob sich Worte formen wollen.

T.: Gibt es einen Satz dazu?

P. (leise): Das machst du nicht mit mir.

T.: Meinst du, das ist bei ihr angekommen?

P. (lauter und überzeugender): DAS MACHST DU NICHT MIT MIR!

T.: Sehr gut! Spüre, was es mit dir macht, wenn dieser Impuls ausgedrückt werden darf ...

P. wiederholt noch ein paarmal den Satz und scheint immer mehr zu wachsen.
Dann entspannt sich ihr Körper sichtlich, und sie geht zurück zu ihrem Stuhl.
Das fühlt sich gut an, sagt sie.

In der Folgezeit gewinnt P. neue Klarheit für sich und trifft die Entscheidung, das ungesunde Arbeitsumfeld zu verlassen und sich eine neue Stelle zu suchen.

In den meisten Menschen schlummern Impulse, die nicht wie im obigen Beispiel bewusst ausgedrückt werden. Dabei ist es für ein inneres Gefühl von Vervollständigung nicht wichtig, ob der Impuls in Anwesenheit der Person ausgedrückt wird, mit der die Wut in Zusammenhang gebracht wird. ***Körper und Psyche brauchen einfach einen achtsamen Rahmen, in dem die Reaktion bewusst durchlaufen und wahrgenommen werden kann.*** So kann es wieder zu innerer Verbundenheit und in der Folge zu erstaunlichen Veränderungen im Außen kommen.

Wie komme ich an meine Wut?

Vielleicht zählen Sie zu den lieben Menschen, die mit Wut nicht viel Erfahrung haben. Möglicherweise hat man Ihnen schon mal Sätze gesagt wie: »Das muss dich doch wütend machen« oder »Lass dir das bloß nicht gefallen«. Doch auch wenn es offensichtliche Gründe geben mag, die Sie wütend machen sollten, fühlen Sie sich wie abgeschnitten von dieser Energie und können sie somit auch nicht spürbar äußern. Das lässt sich ändern – vielleicht nicht von heute auf morgen, aber mit ein bisschen Übung und Geduld.

Ich habe am eigenen Leib erfahren, wie das Ja zur Wut eng verbunden ist mit dem Ja zu meiner eigenen Kraft. Tatsächlich war ich immer ein friedlicher Mensch, harmoniebedürftig und voller Empathie für andere. Wut vermied ich. Erst als ich mit 30 Jahren anfing, mich intensiver mit Meditation, Persönlichkeitsentwicklung und körperorientierten Verfahren wie Bioenergetik zu beschäftigen, und entsprechende Fortbildungen besuchte, öffnete sich mir eine neue Welt. Ich entdeckte, wie viel Lebendigkeit und Wachstum möglich sind, wenn wir uns ohne Wenn und Aber dem Fühlen zuwenden – ganz gleich, um was es sich handelt – und wenn wir unserem Körper die Gelegenheit geben, alles, was er fühlt, auch auszudrücken. Es war ein Prozess, durch den ich viel an innerer Stärke gewonnen habe, und die positiven Veränderungen in mir haben das Bedürfnis geweckt, meine Erkenntnisse an andere Menschen weiterzugeben.

Nachfolgend stelle ich Ihnen die fünf Schlüssel vor, die meiner Erfahrung nach auf dem Weg in die eigene Kraft hilfreich sind:

1. Sich Wut erlauben
2. In den Körper hineinspüren
3. Empowerment (Ermächtigung)
4. Sich seiner Ressourcen bewusst sein
5. Den Mut haben, zu wachsen

1. Sich Wut erlauben: Der Startschuss zur Reise in die eigene Kraft fällt zunächst mit einer grundsätzlichen Erlaubnis: Ja, ***Sie dürfen wütend sein.***
Dieses Gefühl ist gesund, erlaubt und sogar im Sinne Ihres Wohlbefindens willkommen. Beginnen Sie, ab sofort Ja zu sagen zu Ihrer Wut, wann immer sie auftritt, und finden Sie gesunde Ventile, um sie auszudrücken.

Sie werden merken, wie befreiend es sich anfühlt, wenn Wut und alle dazugehörigen Qualitäten einfach mal ganz ehrlich und ungeschönt da sein dürfen. Alle Gefühle sind Teil des Menschseins und völlig ungefährlich, wenn man sich ihrer freundlich und achtsam annimmt, ohne sich oder jemand anderem zu schaden.

2. In den Körper hineinspüren: Der wichtigste praktische Schlüssel, um unsere Gefühle angemessen auszudrücken, ist der eigene Körper. Denn dieser signalisiert uns stets, was er braucht und tun muss, um sein Gleichgewicht zu erhalten – was sich auch auf unsere emotionale Ebene auswirkt.

Entschleunigung und Achtsamkeit sind die zwei Werkzeuge, die wir brauchen, um zu einer verbesserten Wahrnehmung unseres Körpererlebens zu kommen. Je präziser wir uns und unsere Impulse auf körperlicher Ebene zu spüren lernen, desto besser können wir diese Energien und Impulse auf kluge Weise umsetzen. Die wichtigste Frage, die Sie sich dazu – nicht nur abends zum Beispiel auf dem Meditationskissen, sondern gerade auch in schwierigen Alltagssituationen – stellen dürfen, lautet: Was möchte mein Körper jetzt tun? Was braucht er?

ÜBUNG

Wut spüren

- Setzen Sie sich aufrecht auf einen Stuhl, die Füße fest auf dem Boden, den Rücken gerade angelehnt. Rufen Sie sich nun eine Situation in Erinnerung, in der Ihnen unrecht getan oder Ihre Grenzen überschritten wurden. Erinnern Sie sich so gut wie möglich an die Details dieser Erfahrung – wer war beteiligt, was genau ist passiert?
- Nun spüren Sie körperlich nach: Was hat dieses Erleben mit Ihnen gemacht? Versuchen Sie zu verorten, wo im Körper Sie etwas wahrnehmen. Ist da vielleicht irgendwo Wärme oder Anspannung? Achten Sie besonders auf Ihren Kiefer, Ihre Finger und Ihre Atmung. Bewerten Sie nicht, was Sie wahrnehmen, beobachten Sie einfach. Gehen Sie in Ihrer Erinnerung noch einmal ganz in das damalige Gefühl. Geben Sie sich Zeit.
- Schauen Sie, ob es einen Impuls gibt, der ausgedrückt werden möchte. Keinen Gedanken wohlgemerkt, sondern einen körperlichen Impuls – eine Bewegung, ein Ton, ein Satz. Vielleicht wollen die Beine aufstampfen, oder Sie spüren eine Veränderung in Ihrer Mimik. Laden Sie neugierig alles ein, was sich zeigen möchte, ohne etwas zu forcieren.
- Wenn Sie etwas spüren, folgen Sie diesem Impuls, am besten mit geschlossenen Augen, um währenddessen

besser bei Ihrem Körpererleben bleiben zu können. Vielleicht möchten Sie, wie Patricia aus dem obigen Beispiel, aufstehen und sich vorstellen, jemandem in aller Deutlichkeit etwas zu sagen. Tun Sie es, und bleiben Sie dabei bei Ihrem Körperempfinden.

- Zum Schluss fragen Sie sich, welche Situationen aus Ihrer Vergangenheit vielleicht noch eine Handlung Ihrerseits benötigen, um endgültig abgeschlossen werden zu können. Vielleicht möchten Sie einen Brief schreiben oder sich mit jemandem aussprechen? Wenn ja, tun Sie es!

Neben einer verbesserten Körperwahrnehmung ist es auf dem Weg in die eigene Kraft auch sehr hilfreich, den Körper, seine Muskeln und das Herz-Kreislauf-System zu trainieren – durch Sport! Körperlich seine Kraft zu spüren hilft ganz natürlich dabei, auch innerlich an Stärke zu gewinnen. Die emotionale und die körperliche Ebene sind schließlich eng miteinander verbunden.

3. Empowerment (Ermächtigung): Gerade hinsichtlich des Gefühls von Wut, die vielleicht bisher in Ihrem Leben nicht sein durfte, ist es wichtig, auch äußere Bestätigung zu erfahren, dass dieses Gefühl in Ordnung ist und Sie jedes Recht haben, es zu spüren. Das ermächtigt Sie und bringt Sie auf

natürliche Weise in Fluss und mehr in Kontakt mit Ihrer Kraft.
Entscheidend dafür ist, dass Sie den Raum bekommen, um Ihre Gefühle und deren Berechtigung zu spüren. Das kann eine Freundin oder Ihr Partner sein, die/der Ihnen bestätigt, dass Sie Wut jederzeit ausdrücken dürfen – ohne damit die Beziehung zu gefährden. Auch ein guter Therapeut oder Coach kann Sie menschlich und persönlich so unterstützen, dass Wachstumsprozesse dieser Art in Gang kommen. Positives Feedback ist sehr wichtig, denn ohne das Gespiegeltwerden durch unsere Mitmenschen ist es fast unmöglich, sich selbst zu erkennen.

4. Sich seiner Ressourcen bewusst sein: Es fällt uns leichter, uns Wut zu erlauben, wenn wir in unserem Umfeld genug Rückendeckung, Unterstützung und Sicherheit erleben. Wenn wir gut im Leben stehen und über viele Ressourcen verfügen – einen erfüllenden Job, eine schöne Partnerschaft, gute Freunde, kreative Hobbys –, besitzen wir eine starke Basis, um mit schwierigeren Aspekten des Lebens und herausfordernden Gefühlen umzugehen. Das wiederum stärkt unser Selbstbewusstsein, auch und gerade in emotionalen Prozessen.
Daher ist es wichtig, dass wir uns bewusst machen, über welche Ressourcen wir verfügen – nicht nur

im emotionalen Bereich, sondern gerade auch auf der Ebene des Körpers. Spüren Sie regelmäßig in sich hinein und fragen sich: Wo fühlt sich mein Körper jetzt gerade angenehm an? Vielleicht sind es die Füße, die gut und fest auf dem Boden stehen, oder die Arme oder Beine fühlen sich kraftvoll und doch entspannt an. Vielleicht ist da auch Wärme oder Kribbeln oder Ähnliches. Spüren Sie Ihren Empfindungen nach, genießen Sie sie. Denken Sie an all das, was Ihnen im Leben Kraft schenkt, und spüren Sie, was in Ihrem Körper geschieht, wenn Sie daran denken.

5. Den Mut haben, zu wachsen: Es gehört auch Mut zur Wut. Auf gesunde Weise diese Kraft zu entdecken und dazu zu stehen ist ein Schritt in die eigene Größe – mit dem man zwangsläufig auch Altes und Vertrautes hinter sich lässt.

Möglicherweise verändert sich das Umfeld, wenn es merkt, dass ein lieber Mensch nicht mehr alles mit sich machen lässt. Aber vertrauen Sie Ihrer inneren Stimme: ***Die richtigen Menschen werden sich freuen, wenn Sie lernen, Nein zu sagen und sich abzugrenzen, und dabei an Kraft und innerer Stärke gewinnen.*** Und durch die veränderte Resonanz werden Sie außerdem neue Menschen in Ihr Leben ziehen.

Therapeutische Ansätze

Es gibt zahlreiche Techniken und Methoden, um der Wut auf die Spur zu kommen, Ihre Körperwahrnehmung und Achtsamkeit zu schulen und zu verfeinern. Viele davon können Sie ohne therapeutische Anleitung anwenden. Wenn Sie Ihrer Wut allerdings mit professionellen Mitteln auf den Grund gehen wollen, empfehle ich persönlich körpertherapeutische Methoden. Der Vorteil dabei liegt meines Erachtens im unmittelbaren, ehrlichen Erleben, ohne dieses zu sehr durch den Intellekt zu analysieren oder zu bewerten. An dieser Stelle möchte ich Ihnen drei Methoden vorstellen, die ich besonders effektiv finde. Aber natürlich gibt es noch zahlreiche andere therapeutische Wege, die ebenso hilfreich sein können. Vertrauen Sie Ihrem Bauchgefühl, probieren Sie sich aus und machen Sie das, was Ihnen guttut und Sie weiterbringt.

Breathe, move, make a sound –
Atme, bewege dich und nutze deine Stimme!
frei nach Veeresh, Körpertherapeut und Gründer der Humaniversity in Egmond an Zee

Bioenergetik: Körper und Gefühle in Fluss bringen

Die Lehre der Bioenergetik geht auf Wilhelm Reich und seinen Schüler Alexander Lowen zurück, die bereits in den 1950er-Jahren die Zusammenhänge zwischen emotionalen Prozessen und ihrem körperlichen Ausdruck beschrieben. Reich prägte den Begriff des »Körperpanzers« als physische Entsprechung innerer blockierter Lebensenergie.

Die Übungen der Bioenergetik versuchen mithilfe von Atmung, Bewegung und Stimme blockierte Energien und Gefühle wieder in Fluss zu bringen, was körperlich und seelisch spürbar und oft mit einem Gefühl von Erleichterung verbunden ist.

In einer bioenergetischen Übungsgruppe können konkrete Situationen nachgestellt werden, um so die entsprechenden Gefühle in einem therapeutischen Setting auf gesunde Weise zum Ausdruck zu bringen, zum Beispiel Wut zu zeigen, indem man wie ein Tiger faucht, die Zähne fletscht oder einfach mal laut brüllt.

Somatic Experiencing: Feine Wahrnehmung als Schlüssel zur Heilung

Somatic Experiencing (SE) ist ein sehr effektives körperorientiertes Verfahren zur Heilung und Inte-

gration von Traumata. In Bezug auf das Gefühl von Wut ist es insofern sehr hilfreich, als es stets die Selbstregulation und Vervollständigung biologischer Prozesse zum Ziel hat.
Nehmen wir als Beispiel eine Person, die lange Zeit die eigene (gesunde) Aggression unterdrücken musste, da sie als Kind und Jugendliche vielleicht nicht die Chance hatte, sich zu zeigen, wie sie war, oder sogar dafür bestraft wurde. Durch die therapeutische Arbeit im SE wäre es möglich, dass dieser Mensch als Erwachsener seine ursprünglichen Impulse, sich zu wehren, langsam wieder zu spüren und in einem therapeutischen Setting auszudrücken lernt. Das Vorgehen im Somatic Experiencing ist äußerst sanft und daher besonders für sensible Menschen geeignet.

Integratives Atmen: Raus aus dem Kopf, rein in den Körper

Beim integrativen Atmen ist es möglich, tief in das körperliche Erleben und Fühlen einzutauchen und dieses unmittelbar auszudrücken. Meist wird eine entsprechende Sitzung durch einen Therapeuten und Musik begleitet; sie dauert etwa eine Stunde. So ist es möglich, in einen meditativen Zustand zu gelangen, sich ganz auf die eigenen Emp-

findungen einzulassen und diesen Ausdruck zu verleihen.
Man liegt auf dem Rücken mit angestellten Beinen auf einer Matratze und kippt jeweils mit der Einatmung das Becken nach vorne, sodass ein Hohlkreuz entsteht, während man es mit der Ausatmung wieder aufrichtet und den unteren Rücken wieder gerade macht. Durch diese kleine Bewegung vertieft sich die Atmung, die Wahrnehmung richtet sich nach innen, und der Körper zeigt einem oft deutlich, wo emotionale Spannung bzw. gehaltene Gefühle sitzen. Durch das kontinuierliche Atmen können diese gut in Fluss kommen und ausgedrückt werden, zum Beispiel durch Bewegung, Laute und Töne (Trampeln, mit den Fäusten auf den Boden trommeln, weinen, schluchzen etc.). Die meisten Menschen erleben dies als reinigend und sehr befreiend. Jede Sitzung endet mit einer Ruhephase, die meist einhergeht mit tiefer körperlicher und seelischer Entspannung und einem Gefühl innerer Verbundenheit.

Die Entdeckung ihrer Wut war ein Meilenstein in Lauras Entwicklung. Die junge Frau verfügte über viel Empathie im Umgang mit anderen Menschen, ging jedoch Konflikten lieber aus dem Weg. In ihrem Beruf passierte es ihr wie jedem von uns manchmal, dass sie sich über etwas ärgerte – dann nahm sie den Ärger mit nach Hause und grübelte oft tagelang darüber, ob und wie sie das Thema ansprechen solle. Häufig sagten Freunde zu ihr, »sie sei einfach zu lieb«.

Auf Empfehlung nahm Laura an einem Workshop zum Thema »Körpertherapeutische Methoden« und im Zuge dessen an einer Atemsitzung teil. Erst fand die eher schüchterne Laura es befremdlich, als die Menschen um sie herum hörbar begannen, zu weinen und wütend zu werden auf ihren Matratzen – wo erlebt man so etwas sonst? Doch dann versuchte sie, sich wirklich auf ihr eigenes Körperempfinden einzulassen, und es gelang ihr immer besser, ihren Fokus vom Kopf in den Körper zu verlagern. Nach einer Weile spürte sie im Herzbereich eine Enge, verbunden mit Traurigkeit und begann zu weinen. Irgendwie tat das gut. Nach der Traurigkeit kam eine weitere Welle. Diesmal spürte sie tiefer im Körper, im Unterbauch, ein Gefühl, das in ihr aufstieg und immer stärker wurde. Instinktiv begann sie, Hände und Füße zu bewegen, und je mehr sie diesem Gefühl in ihrem Bauch nachgab, desto mehr Energie schien aus ihrem Inneren aufzusteigen. Bilder aus ihrem Leben schossen ihr durch den Kopf, Situationen, in denen sie großes Unrecht erlebt und sich nicht gewehrt hatte. Ihre Hände und Füße trommelten gegen die Matratze, und plötzlich begann auch sie zu schreien. Erst zaghaft, dann immer lauter. Während ein Teil von ihr diese ganz neue Erfahrung einfach genoss, wunderte sie sich gleichzeitig, wie viel Kraft sie auf einmal auch in ihrer sonst eher leisen Stimme wahrnahm.

Nachdem sie sich ausgetobt hatte, fühlte Laura sich unglaublich befreit und leicht. Sie hatte Feuer gefangen und besuchte in der Folge wöchentlich eine Gruppe, in der bioenergetische Übungen und Atemarbeit praktiziert wurden. Zeitgleich begann sie regelmäßig zu meditieren und ihren Körper dabei wahrzunehmen. Die innere Arbeit wurde belohnt: Eine Veränderung setzte ein, die Laura immer häufiger auch von außen zurückgemeldet wurde: Ihre Stimme sei kraftvoller und sie selbst irgendwie spürbarer, sagte man ihr. Auch Laura nimmt sich selbst viel besser wahr – vor allem ihre Kraft im Bauch – und reagiert selbstbewusster. Sie ist gewachsen durch bewusstes Fühlen.

Körperliche Ventile für Wut im Alltag

Am besten ist es natürlich, sich mit der Wut in dem Moment, in dem sie auftaucht, auf konstruktive Weise auseinanderzusetzen. Das ist in unserer Gesellschaft und in Anbetracht unserer Erziehung vielleicht nicht immer möglich. Daher möchte ich in diesem Kapitel sowohl Möglichkeiten vorstellen, Wut direkt im Einzelfall sinnvoll zu nutzen, als auch den Körper regelmäßig wieder ins Gleichgewicht zu bringen, indem man aggressive Impulse gezielt entlädt – ohne dass eine konkrete Wut-

Situation vorliegt. Für Letzteres ist auf Ausdauer gerichtete körperliche Aktivität ein wunderbares Mittel zur Selbstregulation.

Ausdauersport

Forschungen bestätigen, dass zyklische Sportarten, bei denen über einen längeren Zeitraum eine gleichförmige Bewegung ausgeführt und gleichzeitig das Herz-Kreislauf-System aktiviert wird, einen ausgleichenden Effekt auf die Psyche haben. Im Falle akuter Wut ist es oft sehr hilfreich, einfach eine Runde joggen zu gehen, sich auf das Rad zu schwingen oder im Fitnessstudio die Ausdauergeräte zu nutzen. Zur Not tut es auch ein strammer Spaziergang. Danach ist schon mal ein guter Teil der Wut-Energie abgebaut und der Kopf klarer. Besonders ausgleichende Wirkung hat Ausdauersport an der frischen Luft, im Wald oder in der freien Natur. Ein weiterer Vorteil: Diese Form des Umgangs mit Wut ist jedem von uns zu jeder Zeit und außerdem kostenlos zugänglich.

Action am Boxsack

Aggressive Impulse ungehemmt am Boxsack herauszulassen kann eine sehr befreiende Wirkung haben. Man kann sich so richtig abreagieren, ohne dabei jemanden zu verletzen. Für sehr friedliebende Menschen ist dies oft eine ganz neue Erfahrung. Wichtig ist es dabei, auch Atem und Stimme mit einzubeziehen, das heißt die Ausatmung zu betonen und der Entladung stimmlich Ausdruck zu verleihen. Lassen Sie sich vor dem ersten Mal von einem Lehrer ein paar Techniktipps geben, um sich nicht selbst wehzutun. Sicherlich macht es einen Unterschied, ob man allein oder zu mehreren trainiert – finden Sie heraus, was Ihnen guttut.

Kampfsport

Die meisten fernöstlichen Kampfsportarten beinhalten neben Kampftechnik und Körpertraining eine bewusstseinsfördernde oder sogar meditative Komponente. Wunderbar! So ist es nicht nur möglich, sich körperlich auszutoben und auf natürliche Weise kämpfen zu lernen, sondern gleichzeitig das eigene Bewusstsein zu fördern.
Ebenso wie bei der Action am Boxsack finden es viele Menschen hilfreich, den Widerstand eines Gegenübers (und sei es ein Ledersack) zu spüren, gegen den sie ihre Kraft richten können. Auch das macht Kampfsport zu einer besonders nützlichen Methode, um sich auf gesunde Weise abzureagie-

ren. Das folgende Beispiel von Ben zeigt, wie sich diese Art von Sport bei starken Aggressionen positiv auswirken kann.

Ben wuchs allein mit seiner Mutter auf, die sich in der Schwangerschaft von seinem Vater getrennt hatte. Das Verhältnis von Ben zu seiner Mutter, einer starken Persönlichkeit, war sehr eng. Er war ein eher stiller und wortkarger Junge, der viel in sich hineinfraß und sehr stark mit Asthma, Heuschnupfen und anderen Allergien zu kämpfen hatte, Symptomen von Autoaggression, die ihn quälten.
Eines Tages meldete seine Mutter ihn in einem Judoverein an. Ben gefiel das Training vom ersten Tag an, es schien genau das Richtige für ihn zu sein, und er begann geradezu aufzublühen. In den folgenden Jahren trainierte er regelmäßig mehrfach die Woche und nahm auch erfolgreich an Wettkämpfen teil. Mit dem Sport hatte er einen Weg gefunden, einen Teil von sich auszudrücken, den er vorher unter Verschluss gehalten hatte. Obwohl er weiterhin ein ruhiger Typ blieb, fühlte er sich insgesamt ausgeglichener und seine Allergien waren komplett verschwunden.

Dynamische Meditation

Dem indischen Lehrer Osho gelang es, östliche Weisheit und Meditation mit erfolgreichen westlichen Therapiemethoden zu verbinden. Nachdem wir westlichen Menschen seiner Beobachtung nach zu viel mit unserer Aufmerksamkeit im Kopf sind, was die Qualität und Tiefe unserer Meditation oft deutlich einschränkt, entwickelte Osho eine Reihe körperorientierter Meditationen, die in aufeinanderfolgenden Phasen Atemübungen, verschiedene Arten von Bewegung, wie Tanzen oder Schütteln, sowie kathartische Elemente beinhalten. Durch die Bewegung ist es möglich, zunächst physische Spannungen abzureagieren und sowohl körperliche als auch emotionale Impulse auszudrücken, bevor in Stille-Phasen meditativ das eigene Erleben beobachtet wird.

Die dynamische Meditation verleiht Klarheit und Präsenz. Sie ist für die meisten Menschen zunächst eine sehr ungewohnte Erfahrung – aber sehr befreiend. Hierzulande wird diese Art von Meditation an vielen Orten regelmäßig am Morgen angeboten. Zahlreiche Berufstätige nutzen diese Möglichkeit, sich vor der Arbeit sozusagen »innerlich zu reinigen«. Genauso gut ist es möglich – mit der passenden Musik, die die Phasen begleitet und energetisch unterstützt –, die Meditation für sich allein zu Hause oder an einem anderen ungestörten Ort durchzuführen.

Tanzen

Tanzen ist eine wunderbare Möglichkeit, seelische Impulse durch den Körper auszudrücken. Es gibt uns ein Gefühl der Lebendigkeit, bringt Energien in Fluss und Körper und Seele in Einklang. Wenn Sie sowieso gern tanzen, drücken Sie doch auch Ihre Wut im Tanz aus! Wählen Sie die passende Musik und legen Sie los – ob allein und unbeobachtet, in der Gruppe bei einer Veranstaltung wie zum Beispiel den »5 Rhythmen« oder einfach zum Ausgleich in der Disco unter vielen Menschen … Sie werden sehen, dass dies wunderbar befreiend sein kann. Tanzen lässt uns spüren, was es zu spüren gilt, es verbindet uns mit unserer Lebensenergie und -freude.

Das Wut-Kissen

Ein einfaches Kissen kann nicht nur zum Schlafen dienen, sondern auch als wertvolles Instrument, um Ihre Wut körperlich zum Ausdruck zu bringen. Das Gute daran: Es erfüllt seinen Zweck, ohne dass Sie damit jemanden stören oder gar verletzen. Sie können ein Kissen auf zweierlei Arten zum Wutabbau nutzen: entweder, indem Sie mit den Händen Dampf ablassen und auf das Kissen einschlagen oder hineinboxen – oder gar auf ihm herumtrampeln. Die zweite Möglichkeit ist, so laut wie möglich in Ihr Kissen zu schreien. In jedem Fall gilt: Nutzen Sie Ihre gesamte Kraft und lassen Sie einfach alles ungebremst raus. Sie werden verblüfft sein, wie gut das tut.

Im Alltag: Die Energie in sinnvolle Bahnen lenken

Eigentlich ist es doch toll, dass Wut so viel Kraft freisetzt – warum nicht ganz praktisch etwas Sinnvolles damit bewirken? Das lässt die Wut meist schnell abflauen und schafft Platz für das schöne Gefühl, produktiv gewesen zu sein. Hier ein paar Ideen, wie Sie zum Beispiel im Haushalt wütende Energien intelligent umsetzen können:

Putzen: Mit dem röhrenden Staubsauger durchs Haus zu ziehen ist ein prima Ventil, wenn Sie sich gerade ärgern – probieren Sie es aus. Irgendwie passt der Lärm zum Gefühl der Wut. Oder Sie wischen zügig den Boden oder putzen engagiert die Fenster. Ich glaube, es hat beinahe einen therapeutischen Effekt, sich in diesem Gefühlszustand mit einer Art »Waffe« wie Staubsauger, Wischmopp oder Lappen auszutoben! Danach freuen Sie sich garantiert über das positive Ergebnis.

Aufräumen: Ordnung im Außen schaffen lässt auch Entspannung im Inneren entstehen, und ganz nebenbei kommen Sie auf andere Gedanken. Wie wäre es, wenn Sie mal alle Kleider in Ihrem Schrank auf das Bett werfen und rigoros danach sortieren, was Sie noch tragen oder nicht? Sie könnten auch den Dachboden oder den Keller entrümpeln. Durch die körperliche Aktivität können Sie sich hervorragend abreagieren.

Holzhacken/Gärtnern: Dies ist wohl die beste Methode, um sich im Haus oder Garten auf gesunde Weise abzureagieren. Holzhacken erfordert viel Kraft und Energie, was im Falle gefühlter Aggression sicherlich gegeben ist. Sie nutzen Ihre Arme und Hände und können auf produktive Weise Spannung abbauen. Wenn Sie keinen Kamin haben, probieren Sie es mit einer Hacke im Garten aus – Unkraut jäten oder den Boden aufzulockern hat einen ähnlichen Effekt.

Kunst: Wenn Sie kreativ veranlagt sind, bringen Sie das Thema Wut auf die Leinwand. Ihrer Fantasie sind keine Grenzen gesetzt – experimentieren Sie mit Pinseln, Farben, Spachteln, Spritzern – und seien Sie gespannt auf das Resultat!

Allein im Auto

Ich finde, dass unser Verhalten im Auto immer ein gutes Barometer für unseren momentanen Grad an innerer Ausgeglichenheit abgibt. Sind wir entspannt und ruhen in uns selbst, macht es uns in der Regel nicht so viel aus, wenn jemand uns die Vorfahrt nimmt, drängelt oder »rechts vor links« missachtet. Bei innerlicher Anspannung oder wenn wir gereizt sind, werden solche Situationen dagegen sehr schnell zum berühmten Tropfen, der das Fass zum Überlaufen bringt. Dabei ist der Straßenverkehr nur einer von vielen Schauplätzen, die – genauso wie der Arbeitsplatz und Beziehungen – persönliche Themen auf den Tisch bringen. Übertritt jemand unsere Grenzen? Werden wir übersehen oder bedrängt? Allein im Auto spricht nichts dagegen, dass Sie Ihrer Wut zumindest mit Ihrer Stimme Ausdruck verleihen – solange Sie dabei weiterhin auf den Verkehr achten und das Lenkrad gut festhalten.

Atmung und Stimme nutzen

Atmung und Stimme sind eng mit dem emotionalen Erleben verknüpft. Je bewusster und vollständiger wir atmen, desto mehr fühlen wir. Wollen wir etwas nicht fühlen, blockiert oft unbewusst unser

Atemfluss. Nicht umsonst nutzt der Volksmund Formulierungen wie »da stockt mir der Atem«, »vor Schreck die Luft anhalten« oder »erst mal tief durchatmen«. Im Sinne der Ganzheitlichkeit und für einen gesunden Umgang mit unseren Gefühlen ist es sinnvoll, bewusst und tief zu atmen. Wenn Wut im Spiel ist, schlägt oft auch das Herz schneller. Eine tiefe und regelmäßige Atmung hilft dann, präsent und geerdet zu bleiben, anstatt kopflos zu handeln. ***Sind Sie generell sehr aufbrausend und schnell wütend, können Sie Ihren Atem auch ganz bewusst nutzen, um sich zu beruhigen. Die Betonung sollte dabei auf einer lang gezogenen Ausatmung liegen.***

Haben Sie hingegen ein Problem damit, Ihre Wut zu spüren, und gehen Konflikten eher aus dem Weg, hilft es, in entsprechenden Situation darauf zu achten, sich nicht durch ein Blockieren des Atemflusses von der eigenen Kraft abzuschneiden. Holen Sie stattdessen bewusst und tief Luft und verbinden Sie sich gedanklich mit Ihrer Wut im Bauch – in dem Wissen, dass Ihnen diese die notwendige Kraft verleiht, um wichtige Themen anzusprechen, Grenzen zu setzen usw. Babys nutzen ihre Atmung, Kraft und Stimme noch ohne Einschränkung und machen sich dadurch bemerkbar. In den Kehlen erwachsener Menschen dagegen

wird leider viel zurückgehalten, was vielleicht durch einen befreienden Schrei ausgedrückt werden könnte.
An Klang und Volumen der Stimme können wir gut erkennen, ob ein Mensch mit seiner Kraft im Bauch verbunden ist. Helle, leise und kopfbetonte Stimmen wirken oft sehr zart und verletzlich, tiefe und kraftvolle Stimmen dagegen gehören meist zu Menschen, deren Wut man sich deutlicher vorstellen kann. Leider ist es in unserer Gesellschaft negativ belegt, wenn jemand »laut« wird, dabei kann es ein schönes Gefühl sein, sich an der Kraft der eigenen Stimme zu erfreuen – und dafür ist es Gott sei Dank nie zu spät. ***Stimme und Atmung lassen sich gut trainieren, sei es durch Singen, Stimmtraining oder zum Beispiel durch bioenergetische Übungen. Probieren Sie es aus, Sie können nur gewinnen.***

Durch Kraft zu mehr Präsenz

Der Prozess, emotional und körperlich in die eigene Kraft zu wachsen – wozu auch eine gesunde Integration von Wut gehört –, wird sich in Ihrer Präsenz für andere widerspiegeln. Sie werden spürbarer für Ihr Gegenüber. Andere Menschen nehmen stets instinktiv unsere Ausstrahlung wahr und verhalten sich entsprechend. Sie sind unser Spiegel. Die Veränderung der eigenen Präsenz durch innere Wachstumsprozesse verläuft stets von innen nach außen. Das bedeutet, dass wir uns zunächst einmal selbst zugestehen, bestimmte Empfindungen haben zu dürfen, ihrer Botschaft zu folgen und es uns wert zu sein, für uns, unsere Bedürfnisse und Grenzen einzustehen. Dabei ist der Körper stets unser Wegweiser. Schließlich verändert sich aus diesem Wandel heraus auch unsere äußere Welt, zum Beispiel unsere Beziehungen.

Der Prozess vollzieht sich in folgenden Schritten:

- Körperhaltung und -spannung verbessern sich.
- Stimme und Atmung werden intensiver.
- Der Blick wird kraftvoller, Blickkontakt wird länger gehalten.

- Selbstbewusstsein und Selbstwertgefühl nehmen zu.
- Die Durchsetzungsfähigkeit wächst.
- Sich abgrenzen und Nein sagen können sind kein Problem mehr.

Symbol der Kraft: der Löwe in uns

Der Löwe ist ein stolzes Tier, das wir mit Kraft und Autorität verbinden und das sicherlich kein Problem damit hat, wütend zu werden und dies zu zeigen. Er ist der König des Tierreichs, wird von allen respektiert und lässt keine Spielchen mit sich machen.

Stellen Sie sich vor, dass auch Sie einen inneren Löwen/eine innere Löwin in sich tragen, der/die Ihnen in jeder Situation die notwendige Kraft verleiht. Sie müssen ihn/sie nur wecken. Die folgende Übung kann Ihnen helfen, die Löwenenergie in sich wachzurufen. Verlassen Sie sich dabei auf Ihr Gefühl, Ihren Körper und Ihre Fantasie und schalten den Kopf einfach mal ab. Dann werden Sie richtig Spaß daran haben, sich in die Löwenperspektive zu versetzen.

ÜBUNG

Den inneren Löwen wecken

Der erste Teil ist eine meditative Übung, in der Sie Ihrem inneren Löwen begegnen.

- Sorgen Sie dafür, dass Sie ungestört sind. Setzen oder legen Sie sich bequem hin, schließen Sie die Augen und atmen Sie ganz ruhig ein und aus. Stellen Sie sich vor, dass Sie mit jedem Ausatmen alles loslassen, was Sie gerade nicht brauchen. Spüren Sie bewusst den Boden oder Stuhl unter sich, vielleicht auch wie Ihr Rücken sich anlehnt bzw. Ihr Körper getragen wird.
- Genießen Sie, dass Sie langsam zur Ruhe kommen. Wenn Gedanken kommen, beobachten Sie diese einfach, ohne sich daran zu stören oder sie zu bewerten. Alles ist gut.
- Jetzt begeben Sie sich in Ihrer Fantasie auf eine kleine Reise in die Savanne. Die Sonne scheint, und es ist heiß. Sie fühlen sich eins mit der Natur und Mutter Erde, sind ganz natürlich mit allem verbunden. Sie entdecken in der Ferne Zebras und Elefanten, staunen über die Schönheit der afrikanischen Savanne …
- … und jetzt entdecken Sie einen Löwen. Majestätisch schreitet er langsam durch sein Reich. Sie sind fasziniert von seiner Anmut und Kraft, fühlen sich magisch von diesem König des Tierreichs angezogen … Sie spüren keine Angst, vielmehr möchten Sie dem Löwen nahe sein … in dem Wissen, dass er

Ihnen seine Kraft schenken wird … Sie spüren, dass es Sie magnetisch zu dem Löwen hinzieht … Auf wundersame Weise werden Sie förmlich zu diesem königlichen Tier, verschmelzen mit ihm, werden eins mit ihm …

- Spüren Sie, wie es sich anfühlt, ein Löwe zu sein … Ihre Muskeln, Ihren Gang …
- Jetzt öffnen Sie Ihren kräftigen Kiefer und lassen Ihre volle Stimme ertönen … Wie viel Kraft Sie haben … Lassen Sie Ihrer Fantasie freien Lauf, während Sie Ihr Löwendasein erkunden … Genießen Sie es, solange Sie wollen.
- Bitten Sie nun innerlich den Löwen, Sie als Ihr Krafttier in Ihrem Leben zu stärken und zu beschützen, wann immer Sie es brauchen.
- Anschließend kehren Sie langsam mit Ihrer Aufmerksamkeit ins Hier und Jetzt zurück.

Nachdem Sie in Ihrer Fantasie schon mal einen Eindruck bekommen haben, wie es sich anfühlt, ein Löwe zu sein, können Sie es jetzt auf spielerische Weise praktisch ausprobieren, am besten mit einem Partner.
Selbst wenn Ihnen Übungen dieser Art anfangs komisch vorkommen, lassen Sie sich zumindest versuchsweise einmal darauf ein. Für Schauspieler sind solche Übungen in der Ausbildung ganz normal und helfen ihnen, ganz und gar die gewünschten Eigenschaften einer darzustellenden Figur zu verkörpern. Auch in körpertherapeutischen Gruppen wird diese Übung gerne gemacht.

- Stellen Sie sich also vor, Sie wären ein Löwe. Lassen Sie ein Fauchen oder Brüllen aus Ihrer Kehle aufsteigen und fletschen Sie die Zähne. Spüren Sie, wie sich diese animalische Qualität anfühlt, und experimentieren Sie ein wenig damit.
- Wenn Sie die Übung mit einem Partner machen, können Sie sich gegenseitig anbrüllen, umkreisen und spielerisch mit Ihren Tatzen kämpfen. Sie können dazu auf alle viere gehen, müssen dies aber nicht. Es geht einfach darum, sich wie ein Löwe zu fühlen und ganz in diese Energie einzutauchen.
- Spielen Sie Löwe, solange Sie Spaß daran haben.

So bleiben Sie mit Ihrem inneren Löwen auch im Alltag in Kontakt

Wenn Sie gerne visualisieren und klare innere Bilder sehen, können Sie einfach regelmäßig während Ihrer Meditation Ihren Löwen aufsuchen und sich mit ihm verbinden. Wenn Sie zum Beispiel in einer beruflichen oder persönlichen Angelegenheit Kraft brauchen, für einen Neuanfang Mut benötigen oder für sich, Ihre Bedürfnisse und Grenzen einstehen wollen, wird Ihnen die gefühlte Verbindung mit Ihrem inneren Löwen den Rücken stärken.

- Versehen Sie Alltagsgegenstände mit einem Löwen als Symbol: Ein stolzer Löwenkopf auf

Ihrem Notizbuch wird Sie täglich an Ihre innere Kraft erinnern; genauso eine Postkarte mit einem Löwenbild an Ihrem Spiegel oder ein kleiner Plüschlöwe im Auto …

- Wenn Sie an Zähneknirschen und Kieferverspannungen leiden, halten Sie sich vor Augen, wie der Löwe sowohl genüsslich gähnen als auch seine gefährlichen scharfen Zähne zeigen kann. Machen Sie es ihm in unbeobachteten Momenten nach und lockern dabei bewusst Ihren Kiefer. Fragen Sie sich, wo Sie womöglich in Ihrem Leben die Zähne zusammenbeißen oder Impulse zurückhalten. Was würden Sie in Wahrheit am liebsten tun?

4

Achtsamer Umgang mit Wut

Es ist wichtig, dass wir einen achtsamen Umgang mit dem Gefühl der Wut und unserer dahinterliegenden Kraft lernen. Dazu gehört ein ganz klares Bewusstsein unserer Verantwortung, besonders im sozialen Miteinander. Setzen wir unsere inneren Signale und Impulse konstruktiv um und beachten dabei die Grenzen unserer Mitmenschen und das Prinzip gegenseitiger Wertschätzung – auch in Auseinandersetzungen –, können daraus positive Veränderungen in unseren Beziehungen entstehen. Zum achtsamen Umgang mit Wut gehören:

- ein sich stets verfeinerndes Gewahrsein unserer körperlichen Empfindungen sowie ein Bewusstsein darüber, wie wir innere emotionale Ladung körperlich abbauen und unsere Energie kreativ und produktiv umsetzen können
- Regeln, wie wir im Kontakt mit anderen Menschen achtsam und konstruktiv mit Wut umgehen.

Integration statt Ablehnung

Wie schon erwähnt, würden sich viele Blockaden und Probleme auf persönlicher und zwischenmenschlicher Ebene von selbst lösen, wenn wir uns mehr erlauben würden, unsere Kraft zu spüren und adäquat auszudrücken: achtsam und gleichzeitig im Bewusstsein dieser Energie, ohne sie unnötig zu deckeln, ängstlich zu vermeiden oder zu rationalisieren. Gefühle ehrlich zu spüren und zu zeigen, anstatt sie zu verdrängen, bringt uns sowohl uns selbst als auch unseren Mitmenschen näher. Kontakt wird umso ehrlicher und direkter, je besser wir mit unseren Gefühlen verbunden sind und diese authentisch kommunizieren.
Wie weit verbreitet die Ablehnung der Wut ist, erlebe ich nicht nur in meiner Praxis, sondern selbst in meinen Therapeuten-Fortbildungen. Obwohl man zum Beispiel im Somatic Experiencing lernt, wie wichtig und gesund ein bewusstes Erleben der »Fight response« – also ein achtsames Gewahren von Aggression – für den Heilungsprozess ist, scheint die Mehrheit der Teilnehmer – also Menschen, die das Gelernte später an ihre Klienten weitergeben wollen – selbst diese Qualität in sich

abzulehnen. Therapeuten sind meist sehr friedliche Menschen – was ja prinzipiell auch eine schöne Qualität ist.

In diesen Fortbildungen geht es viel um Selbsterfahrung und paarweises Üben des Gelernten im Rollenspiel, wobei stets einer die Klienten- und der andere die Therapeutenrolle einnimmt. Ich erinnere mich sehr gut an ein Paar in einem dieser Trainings, dessen Fall nachher vor der gesamten Gruppe besprochen wurde. Die »Klientin« war mit einem Thema beschäftigt, das sehr viel Wut in ihr weckte. Sehnsüchtig schien sie darauf zu warten, von ihrer »Therapeutin« darin gespiegelt und bestärkt zu werden, diese Reaktion auf eine erlebte Ungerechtigkeit in ihrer Vergangenheit endlich spüren, sich entladen lassen und somit auf eine gewisse Weise ihre Kraft zurückgewinnen zu dürfen. Die Therapeutin jedoch blockte sie komplett ab – vermutlich aufgrund ihrer eigenen Geschichte. Diese kleine Übungssession endete damit, dass die Klientin sich äußerst frustriert und unverstanden fühlte. Ihre Wut durfte nicht sein, und das Ergebnis war sehr unbefriedigend.

Einerseits ist es nicht nur verständlich, sondern auch wünschenswert, dass wir vorsichtig agieren, wenn Wut im Spiel ist – bedenkt man, dass unachtsam ausagierte Aggression großen Schaden verursachen kann. Andererseits ist es wichtig, in dieser Kraft eine natürliche biologische Reaktion zu erkennen, die – in die richtigen Bahnen gelenkt – Gesundheit und Wohlbefinden verbessern und wiederherstellen kann, einfach weil sich etwas in uns vervollständigt und uns wieder ganz werden lässt. Es geht darum, wieder auf die Weisheit des eigenen Körpers zu hören und ihn in seinem Erleben, seinen Reaktionen und seinem Ausdruck zu unterstützen. Hätte die junge Frau wirklich Raum und eine Erlaubnis für ihr Empfinden bekommen, hätte die so notwendige Entladung stattfinden können, die Wut wäre dadurch auf ganz natürliche Weise abgeflaut, und die Sitzung hätte entspannt enden können.

Ich selbst hatte in einer solchen Übungssequenz mehr Glück. Meine »Therapeutin« wusste um die positive und kraftvolle Energie der Wut und ermunterte mich, sie zu spüren. In unserer 20-minütigen »Sitzung« erlebten wir beide, dass es ein sehr spannendes und angenehmes Empfinden sein kann, körperlich diese Energie wahrzunehmen und zu schauen, wie sie sich wie ein wärmendes Feuer verwandelt. Das gelingt aber nur, indem wir die Wut annehmen. Was wir integrieren, bereichert uns, was wir ablehnen, verursacht Trennung, von uns selbst genauso wie von anderen.

Ja zum Schatten: Wut, Angst und Schmerz

In unserer westlichen Gesellschaft wird es uns nicht leicht gemacht, uns mit den dunklen Seiten unserer Persönlichkeit auseinanderzusetzen. Werbung, Medien und soziale Netzwerke suggerieren uns nicht nur, dass wir möglichst jung und schön aussehen, sondern auch jederzeit fröhlich, vital und leistungsfähig sein sollen. *Wo wird man schon mal öffentlich ermuntert, Angst, Trauer, Wut oder Schmerz den ihnen zustehenden Raum zu schenken?* Dabei würde das den meisten von uns sehr guttun, denn wir alle haben innere Schattenanteile: Aspekte unserer Gefühlswelt und Persönlichkeit, die wir aus verschiedenen Gründen in unser Unbewusstes verdrängt haben. Zum einen deshalb, weil vielleicht in unserer Kindheit niemand anders sie sehen wollte – und somit auch wir selbst nicht: Jemand, der als Kind für seine Traurigkeit als Heulsuse abgestempelt wurde, wird diese später höchstwahrscheinlich gut unter Verschluss halten. Zum anderen aber hat auch unser Gehirn eine natürliche Abneigung gegen schmerzhafte Empfindungen, weil diese unser Bedürfnis nach Sicherheit infrage stellen.

Daher ist es wichtig zu erkennen, dass alle Gefühlszustände, auch »schwierige«, nicht von Dauer sind, sondern sich abwechseln. Bekommen Gefühle den ihnen zustehenden Raum und dürfen sich ausdrücken, ebben sie wie eine Welle nach einer Weile wieder ab. An dieser Stelle möchte ich auf zwei weitere »dunkle« Gefühle eingehen, die mit Wut zusammenhängen: Angst und Schmerz.

Wut und Angst

Diese beiden Empfindungen haben einen konträren Effekt und hängen dennoch zusammen. Angst vermittelt uns ein Gefühl der Schwäche, Wut dagegen das Empfinden von Stärke. Während Angst uns warnen möchte und uns nach Sicherheit und häufig auch der Nähe zu anderen Menschen suchen lässt, bewirkt Wut nicht selten, dass wir uns von anderen abwenden und autonom handeln. Menschen, die an chronischen Ängsten leiden, können daher oft nicht gut wütend werden.

Meist ist es das Kind in uns, das Angst hat und von uns getröstet werden möchte. Solange wir nämlich in der Angst bleiben, ohne erwachsen zu reagieren, verharren wir oft auch in einer kindlichen Abhängigkeit von anderen Menschen und tolerieren möglicherweise Umstände, die uns eigentlich wütend machen sollten. Hinter der Angst, wütend zu werden, sitzt oft der Gedanke: Hilfe, wenn ich meine Wut zeige, bin ich vielleicht ganz allein! ***Es gilt also, erwachsen zu handeln und weitere persönliche Kräfte zu aktivieren – wodurch die Angst schwindet.***

Angst und Wut spiegeln in vielen Fällen, dass die beiden Grundbedürfnisse nach Bindung und Autonomie nicht ausreichend erfüllt sind. Es ist nicht immer leicht, dafür eine gesunde Balance zu finden, durch Verfeinerung der eigenen Wahrnehmung und klare Kommunikation in Beziehungen ist es aber durchaus möglich. Auf körperlicher Ebene sind die Empfindungen sowohl von Wut als auch Angst mit einer hohen Spannung assoziiert. Während Angst sich eher nach innen richtet (»vor Angst erstarren«), ist Wut eine Energie, die sich vom Inneren des Körpers nach außen bewegt und dort zum Ausdruck gebracht werden möchte (»die Fäuste ballen«). Dabei ist Wut im oben erklärten Modell von Kampf und Flucht in vielen Fällen eine natürliche biologische Antwort (Fight response) auf eine Angst auslösende Situation. Kommt man raus aus der Angst und dafür in die Wut, macht sich oft ein Gefühl von Erleichterung breit und gleichzeitig wieder ein Bewusstsein für die eigene Kraft. Bleibt man hingegen in der Angst stecken,

wird gewissermaßen auch die eigene Kraft vermieden und oft auch die eigene Verantwortung.
Um einen gesunden Umgang sowohl mit der Angst als auch mit der Wut zu finden, ist es sehr hilfreich, sich zu fragen, was diese beiden inneren Anteile gerade brauchen und wie der Körper sich ausdrücken möchte.

REFLEXION

Nehmen Sie sich ein paar Minuten Zeit und überlegen Sie:

- Wovor haben Sie Angst und was bewirkt diese in Ihrem Leben?
- Vermeiden Sie es manchmal oder auch generell aus Angst, wütend zu werden?
- Haben Sie schon mal Erleichterung gespürt, als aus Ihrer Angst Wut wurde?
- Wie reagiert Ihr Körper und was tut Ihnen gut, wenn Sie Angst oder Wut empfinden?

Wut und Schmerz

Auch diese beiden Gefühle sind auf interessante Weise miteinander liiert. Hinter großer Wut sitzt meistens großer seelischer Schmerz. Wenn es uns gelingt, diesen zu fühlen, ebbt auch die Wut leich-

ter ab, und wir sind wieder näher bei uns und fühlen uns verbundener mit uns selbst.
Während Angst manchmal benutzt wird, um nicht in die Wut zu kommen, wird nicht selten die Wut als Schutzschild verwendet, um den dahinterliegenden Schmerz nicht fühlen zu müssen. Das unbewusste Motto dabei lautet: Lieber fühle ich mich aufbrausend, wütend und stark als klein, gequält und verletzt. Wut ist in dem Fall eine wenig hilfreiche Abwehrstrategie, die wahre Heilung verhindert. Diese kann erst geschehen, wenn wir uns unseren verletzten Gefühlen im Kern stellen und diese bejahen. Dann kann unser Herz heilen. ***Je größer die Wut, desto größer sind auch der Schmerz und die Verletzung, die damit kaschiert werden.*** Meist schreckt es uns zunächst ab, wenn jemand sehr wütend ist. Gelingt es uns aber, den anderen oder auch uns selbst mit den Augen des Mitgefühls zu betrachten, können wir den der Wut zugrunde liegenden Schmerz sehen, der die Person quält.
Auf der körperlichen Ebene befreien wir uns von emotionalem Schmerz durch Schluchzen und Weinen. Dadurch löst sich die Anspannung, vor allem im Brustbereich, und wir können wieder freier atmen. Sich unserem tiefsten Schmerz zu stellen, kann uns befreien und ein elementarer Schlüssel zur Selbsterkenntnis werden. Scheuen Sie nicht die-

se Erkenntnisreise in Ihr Innerstes. Fragen Sie sich, was diese verletzten Anteile in Ihnen brauchen und wie Ihr Körper sich ausdrücken möchte.

REFLEXION

Halten Sie inne und stellen Sie sich folgende Fragen:

- Was in Ihrem Leben hat Ihnen emotionalen Schmerz bereitet?
- Welche Vermeidungs- und Abwehrstrategien kennen Sie von sich?
- Erlauben Sie sich, Ihren Schmerz zu fühlen, geben Sie sich Raum dafür?
- Was hilft Ihnen, emotionalen Schmerz und Verletzungen zu fühlen und zu bewältigen – was brauchen Sie auch auf körperlicher Ebene?

Das innere Kind an die Hand nehmen

Das Modell des inneren Kindes kann uns helfen, uns selbst, unser Empfinden und unsere Reaktionen besser zu verstehen und als Erwachsene gut und verantwortlich für uns zu sorgen. Auch in Bezug auf den Umgang mit Wut finde ich die Arbeit

mit dem inneren Kind sehr hilfreich, denn sie lässt uns achtsam und bewusst werden.
Oft ist es so, dass Verletzungen, die wir heute erleben, uns an etwas erinnern, was wir als Kinder oder Jugendliche erfahren haben – damals aber nicht auflösen konnten. Zum Beispiel werden wir in einer gegenwärtigen Situation extrem wütend, vielleicht so sehr, dass diese Reaktion uns selbst und anderen völlig unangemessen scheint. Nicht selten hat in solchen Fällen das jüngere Ich die Kontrolle übernommen …
Die Heilung des inneren Kindes besteht darin, als Erwachsener wach zu werden für das, was damals geschehen ist, ebenso wie für das, was heute geschieht, und aus dieser Perspektive achtsam und angemessen zu handeln, sowohl für sich selbst als auch das Umfeld. Im Gegensatz zu unserer Kindheit, wo wir uns in einer abhängigen Position befanden, können wir heute ähnliche Situationen aus einer selbstständigeren, erwachsenen Perspektive heraus betrachten, und gleichzeitig haben wir die Möglichkeit, für uns einzustehen, sowie die Wahl, auf welche Weise wir das tun.

Meine Patientin Christina ist eine sehr liebe und pflichtbewusste junge Frau Anfang dreißig. Als ältestes von drei Kindern musste sie schon in jungen Jahren durch die schwierige Ehe der Eltern viel Verantwortung tragen. Wut war ihr eher fremd, auch als sie als Erwachsene am Arbeitsplatz großes Unrecht erfuhr. Viele Jahre ertrug sie dort unzumutbare Bedingungen, wie cholerische Vorgesetzte und Mobbing durch eine Kollegin. Stets sprang sie zuverlässig ein, wenn Not am Mann war, erfuhr jedoch nie die ihr zustehende Wertschätzung dafür.

Schließlich fasste sie den Mut zu kündigen. So wollte sie nicht weitermachen; tief in sich drin spürte sie, dass sie etwas Besseres verdient hatte. Nach ihrem Weggang und mit etwas Abstand zu ihrem alten Arbeitsplatz spürte sie hinter dem bekannten Gefühl von Depression ein neues Empfinden in sich aufsteigen: Wut! Jetzt erst wurde ihr das erlebte Unrecht bewusst. In die aufsteigende Wut mischte sich jedoch bald die Sorge, bei ihrer neuen Arbeitsstelle wieder das Gleiche zu erleben und aufgrund ihrer inneren Not und Angst die dortigen Anforderungen nicht zu erfüllen. Körper und Psyche rebellierten.

Wir unterhielten uns darüber und kamen auf das innere Kind zu sprechen. Ich sagte ihr, dass ich es sehr verständlich fand, dass sie nach allem, was sie schon durchgemacht hatte, nun solche Zweifel erlebte. Wie sollte sie denn Vertrauen aufbauen, dass man es gut mit ihr meinte, wenn sie schon als Kind so schwierige Umstände hatte ertragen müssen? Als Erwachsene könne sie nun aber bewusst eine neue Wahl treffen. Anstatt zu hoffen, dass sie den Erwartungen der anderen gerecht würde, riet ich ihr, sich fortan zu fragen, ob die Umstände eigentlich IHR gerecht wurden – mit viel Verständnis für ihr jüngeres, verletztes Ich –, und sich selbst und ihrem inneren Kind zu versprechen, gut für sich zu sorgen und fortan nur noch ein wertschätzendes, freundliches Umfeld zu tolerieren. Tatsächlich gelang es Christina mit der Zeit, sich nicht mehr dafür zu verurteilen, möglicherweise nicht optimal zu funktionieren, sondern ihre eigenen Bedürfnisse und Grenzen besser zu verstehen und dafür einzustehen.

Wenn wir die Erwartungen der anderen über unser eigenes Wohlergehen stellen, verlassen wir uns innerlich. Wir tun das aus dem verständlichen Wunsch heraus, geliebt zu werden, und oft wird daraus eine langjährige Gewohnheit. Aber spätestens als Erwachsene steht uns jederzeit ein neuer Weg offen, wie wir mit uns selbst umgehen möchten. Besonders für so hilfsbereite Menschen wie Christina ist es notwendig und gesund, in der Wut das Tor zu ihrer Kraft zu entdecken. Das ist sicherlich ein Prozess und funktioniert nicht von heute auf morgen, aber es ist sehr lohnenswert und gibt dem inneren Kind ein neues Gefühl von Stärkung und Rückendeckung.

Nicht selten kommt man in der Arbeit mit dem inneren Kind auch mit Wut auf sich selbst in Verbindung und mit Fehlurteilen darüber, wie schwach, bedürftig, dumm und vermeintlich falsch man doch sei. Viele Menschen tragen diese inneren kritischen Stimmen in sich. Seien Sie gewiss, dass sie in keinem Fall die Wahrheit sagen, sondern oft unreflektiert aus Fehleinschätzungen vonseiten anderer übernommen wurden – und sich durchaus zu Ihrem Wohl verändern lassen. Versuchen Sie, in diesen Stimmen eine alte Schutzstrategie zu erkennen, die Ihnen früher einmal geholfen hat, sich an äußere Erwartungen anzupassen, als dies angebracht war. Erkennen Sie gleichzeitig, dass Sie das heute nicht mehr brauchen. ***Sie werden sehen: Diese negativen Impulse verschwinden in dem Maß, in dem Sie Ihre Kraft für sich und Ihr Wohl einsetzen anstatt gegen sich.***

Ziel der Arbeit mit dem inneren Kind ist es, sich ganz mit dem inneren Erwachsenen zu identifizieren, der wir heute sind, und als solcher das innere Kind an die Hand zu nehmen: indem wir seine Gefühle bejahend mit dem ganzen Körper fühlen, ohne uns aber davon beherrschen zu lassen; indem wir unserem jüngeren Selbst aufmerksam zuhören wie liebende Eltern; indem wir im täglichen Leben auf erwachsene Weise zu unserem Wohl handeln, zum Beispiel Grenzen setzen, wenn dies angebracht ist. Je besser wir dies tun, desto mehr verschmelzen der Erwachsene und das Kind in uns und desto vollständiger wird unsere Persönlichkeit.

IMPULSE ZUR ARBEIT MIT DEM INNEREN KIND

- Stellen Sie sich sich selbst als Kind vor oder holen Sie ein altes Foto von sich hervor. Wie alt sind Sie? Betrachten Sie Ihr jüngeres Ich und spüren dabei in sich hinein. Was empfinden Sie, wenn Sie sich als Kind sehen?
- Schreiben Sie Ihrem inneren Kind einen Brief. Versuchen Sie dabei, freundliche und kindgerechte Worte zu finden. Fragen Sie, was es sich wünscht und von Ihnen braucht. Lassen Sie das innere Kind zurückschreiben, am besten mit Ihrer nicht dominanten Hand. Seien Sie offen für das, was passiert.
- Treten Sie in Situationen, die Sie emotional reagieren lassen, einen Schritt zurück und beleuchten Sie das Geschehen aus der Sicht des Erwachsenen und des inneren Kindes. Erlauben Sie sich Ihre Gefühle und übernehmen Sie gleichzeitig die Verantwortung dafür. Spüren Sie in sich hinein und fragen sich, welche Handlung Ihr inneres Kind jetzt von Ihnen braucht: vielleicht Schutz oder Trost? Oder dass Sie jemandem klar die Meinung sagen oder eine Grenze ziehen? Sie werden von der Weisheit Ihres inneren Kindes überrascht sein.

- Finden Sie regelmäßige Rituale, um die Beziehung zu Ihrem inneren Kind zu pflegen: kreative Tätigkeiten, schreiben, ein Ausflug, der Ihnen Spaß macht .... All das wird Ihr Gefühl von innerer Verbundenheit stärken.

Die Bedürfnisse hinter der Wut

Der US-amerikanische Psychologe Marshall B. Rosenberg bringt Wut in Zusammenhang mit nicht erfüllten und verletzten Bedürfnissen. Damit hat er ganz sicher recht, denn wenn unsere verschiedenen Bedürfnisse – nach Raum, Grenzen, aber auch nach Kontakt und Verbindung – erfüllt sind, gibt es keinen Grund, sich aufzuregen. Wir fühlen uns stattdessen sicher, genährt, respektiert, geliebt und wahrgenommen. Die eigenen Bedürfnisse zu kennen, zu fühlen und klar zu kommunizieren ist daher essenziell für unser Wohlbefinden und gelungene Beziehungen.

REFLEXION

Fragen Sie sich:

- Wie gut kennen Sie Ihre individuellen Bedürfnisse nach Raum, Abgrenzung und der Verbindung mit anderen Menschen?
- Wie gut erfüllen Sie Ihre Bedürfnisse und handeln entsprechend – verlassen beispielsweise den Raum, wenn Ihnen etwas zu viel wird?
- Fällt Ihnen möglicherweise manchmal erst später auf, dass Ihre Bedürfnisse verletzt wurden – und werden Sie dann wütend?
- Manchmal glaubt man, jemand anderer sei für die eigene Bedürfniserfüllung verantwortlich, zum Beispiel der Partner. Geht Ihnen das auch manchmal so?

Gewaltfreie Kommunikation

Marshall B. Rosenberg begründete auch die Methode der Gewaltfreien Kommunikation (GFK), ein inzwischen weitverbreitetes Handlungs- und Kommunikationsmodell, das auf den Qualitäten von Empathie, Wertschätzung und friedlicher Konfliktlösung beruht. In Beziehungen hilft uns die GFK, achtsam miteinander umzugehen und Bedürfnisse zu kommunizieren, statt anderen Vorwürfe zu machen. Das geschieht idealerweise, indem wir innehalten und diese vier Schritte gehen:

- eine Handlung benennen (Beobachtung)
- das Gefühl beschreiben (Gefühl)
- das Bedürfnis aussprechen (Bedürfnis)
- einen Wunsch formulieren (Bitte).

Bezogen auf die Wut, könnte das beispielsweise so aussehen: »Wenn ich sehe, wie deine Kleider in der ganzen Wohnung verteilt rumliegen (1), fühle ich mich eingeschränkt, und es macht mich wütend (2). Ich brauche Ordnung um mich (3). Bitte räume deine Sachen auf (4).

Rosenberg ging es in seiner Arbeit nicht darum, Wut zu unterdrücken, sondern mit Mitgefühl dem Schmerz dahinter zu begegnen. Er selbst behauptete von sich, »beide Seiten in sich zu tragen, eine empathische und eine wütende«. Dabei verglich er Wut mit einer Signallampe am Armaturenbrett im Auto, die den Fahrer informiert, dass etwas nicht stimmt. Genauso wenig, wie man diese Lampe überkleben würde, um wichtige Warnsignale auszublenden, solle man seine Wut unterdrücken.
Die Anwendung der GFK braucht sicherlich etwas Übung, birgt aber das Potenzial zu lernen, anderen zwischenmenschlich wahrhaft nahezukommen. Sie ermöglicht es, Gefühle und Bedürfnisse präzise zu benennen und gleichzeitig achtsam für sein Ge-

genüber zu sein. Daher ist die Gewaltfreie Kommunikation ein bewährtes Modell, wenn es um den Umgang mit Wut in Beziehungen geht. Und wenn Sie zusätzlich Ventile finden, auch allein mit sich Ihre Wut und die ihr innewohnende Kraft zu spüren und in körperliche Aktivitäten umzusetzen, werden Sie von der Kombination von beidem sehr profitieren.

Wut in Beziehungen

Nirgendwo kommen wir anderen Menschen so nahe wie in familiären Beziehungen, Partnerschaften und engen Freundschaften. Somit sind wir auch nirgends verletzbarer. Der Mensch, den wir am meisten lieben, dem wir am nächsten sind, löst eben dadurch nicht selten auch gegenteilige Gefühle in uns aus, dass er bei uns – bewusst oder unbewusst – bestimmte Knöpfe drückt. *Nicht umsonst ziehen sich häufig Partner an, die jeweils beim anderen ungeheilte Gefühle ans Licht bringen – was gleichzeitig die Möglichkeit von Heilung und Wachstum mit sich bringt.*

Es ist sehr unterschiedlich, wie Menschen mit ihrer Wut innerhalb von Beziehungen umgehen. Das Spektrum reicht von völliger Unterdrückung

des Ärgers und versteckten Ausdrucksformen wie Zynismus und Ironie über Wortgefechte mit erhobener Stimme bis hin zu hitzigen Diskussionen mit knallenden Türen und fliegendem Geschirr.
Doch obwohl Wut einerseits einen gewissermaßen leidenschaftlichen Aspekt hat und einer Beziehung Lebendigkeit und Würze verleihen kann, kann sie – unachtsam ausagiert – auch sehr viel zerstören. Böse Worte können nicht einfach wieder zurückgenommen werden und sogar auf Dauer das Vertrauen und den gegenseitigen Respekt töten. Umso wichtiger ist es, gerade in engen Beziehungen achtsam und bewusst mit der Energie der Wut umzugehen in dem Wissen: Die Freiheit des einen endet dort, wo die des anderen beginnt.

Tim und Nicoletta lieben sich sehr. Allerdings sind sie kein Paar, das stets einer Meinung ist: Auf innige Liebesmomente folgen hitzige lautstarke Auseinandersetzungen – die auch den Nachbarn nicht verborgen bleiben. Tim hat einen Hang zur Pedanterie und bringt seine Freundin, die sizilianische Wurzeln hat, mit all seinen Regeln und Vorschriften schlichtweg auf die Palme. Sie fühlt sich in ihrer Freiheit eingeschränkt und bevormundet, was sie außerordentlich wütend macht. Er wiederum wird zornig, wenn er das Gefühl hat, durch Nicolettas lässige Art der Haushaltsführung die Kontrolle zu verlieren.

Da die beiden jedoch trotz ihrer heftigen Streits ein inniges Band der Liebe verbindet, suchen sie einen Paartherapeuten auf, um einen konstruktiveren Umgang mit ihren Konflikten zu finden. In der folgenden Zeit beginnen beide sowohl an ihren individuellen Themen als auch in gemeinsamen Sitzungen an der Art ihrer Kommunikation miteinander zu arbeiten. Nicoletta wird klar, dass ihre explosive Wut den Schmerz über die elterliche Dominanz verdeckt, die sie als Kind erfahren und als sehr einschränkend empfunden hat. Tim beschäftigt sich mit den möglichen Hintergründen seiner Kontrollsucht, die ihm auch schon am Arbeitsplatz negativ gespiegelt wurde.

Es gelingt dem Paar, gewisse Regeln aufzustellen. Sie vereinbaren ein Codewort, das ihnen im Konfliktfall ein neues Vorgehen vorgibt, bevor etwas zu Bruch geht. Die temperamentvolle Nicoletta gewöhnt sich an, im Streitfall die Turnschuhe anzuziehen und den Schauplatz zu verlassen, um sich erst mal ausgiebig beim Laufen abzureagieren. Der stillere Tim hingegen braucht einfach seine Ruhe. So haben beide die Gelegenheit, zu sich selbst zu kommen, bevor sie im Bewusstsein ihrer gegenseitigen Zuneigung den Konflikt ruhig miteinander besprechen. Sie lernen, Ich-Botschaften zu formulieren statt Vorwürfe und Kompromisse in der gemeinsamen Haushaltsführung zu finden. In dem Maße, in dem sie sich die Verletzlichkeit hinter ihrer Wut eingestehen, wächst auch das Verständnis füreinander. Ab und zu fliegen immer noch die Fetzen, aber es gelingt ihnen immer besser, die Situation zu entschärfen, bevor sie eskaliert.

TIPPS ZUM UMGANG MIT WUT IN BEZIEHUNGEN

- Vereinbaren Sie ein Stoppsignal, um im Konfliktfall zu verhindern, dass Sie sich unnötig gegenseitig verletzen oder die Situation eskaliert.
- Verlassen Sie den Schauplatz und reagieren Sie sich wenn nötig körperlich ab: Gehen Sie zum Beispiel strammen Schrittes eine Runde um den Block, führen den Hund Gassi oder gehen aktiv irgendeiner angenehmen Tätigkeit nach. Bleiben Sie bei Ihrem Körperempfinden, atmen Sie tief und nehmen sich so viel Zeit, wie Sie brauchen, um sich wieder auf gesunde Weise geerdet zu fühlen.
- Achten Sie während dieser Auszeit darauf, was genau in Ihnen vorgeht. Was liegt hinter Ihrer Wut? Stellen Sie Ihre Füße fest auf den Boden und nehmen Sie wahr, wie dieser Sie trägt. Stellen Sie sich Ihren Gefühlen und fragen Sie sich, was Sie jetzt ausdrücken möchten. Zu welcher Veränderung möchte Ihre Wut Sie anregen, was wünschen Sie sich?
- Kehren Sie erst zu der anderen Person zurück, wenn Sie sich innerlich klar fühlen und Spannung abgebaut haben.

- Kommunizieren Sie in Ich-Botschaften und sprechen von Ihren wahren Gefühlen und Bedürfnissen. Sagen Sie zum Beispiel: *Ich fühle mich unwohl, wenn Unordnung in unserer Wohnung herrscht. Ich habe das Gefühl, keinen Raum zu haben, und das macht mich hilflos und wütend. Ich würde mir wünschen, dass du besser Ordnung hältst, damit wir uns gemeinsam wohlfühlen können.*
- Hören Sie einander achtsam zu: Setzen Sie sich einander gegenüber. Jeder hat fünf Minuten Zeit, zu sagen, was ihm wichtig ist – während der andere nur zuhört, ohne zu kommentieren, zu bewerten, nachzufragen oder dem Sprecher sonst wie ins Wort zu fallen. Nach fünf Minuten tauschen Sie die Rollen. Oft ist es schon sehr heilsam, wenn einfach jeder seinen Raum bekommt und sich gehört fühlt.
- Finden Sie gemeinsame Rituale, gerade auch für den Fall eines Konflikts. Das schafft ein Gefühl von Sicherheit und baut bei erfolgreicher Anwendung Vertrauen auf. Halten Sie sich beide an gefundene Lösungen und Abmachungen und seien Sie sich stets bewusst: Ihr Partner ist genauso verletzlich und menschlich wie Sie selbst.

Eigenverantwortlich mit Wut umgehen

Ebenso wie wir als Erwachsene die alleinige Verantwortung tragen für unsere Entscheidungen, gilt dies auch für unseren Umgang mit Emotionen – einschließlich der Wut. Wenn wir großes Unrecht erfahren haben, ist es vielleicht verlockend, die Schuld für unsere Gefühle und unseren Schmerz im Außen zu suchen: *Mein Vater ist daran schuld, dass meine Liebesbeziehungen zu Männern immer scheitern. Hätte er meine Mutter nicht verlassen, hätte ich nicht so eine Wut auf Männer, und alles wäre ganz anders.*

Der Schmerz, der hinter dieser Wut liegt, ist sehr verständlich. Dauerhafte Schuldzuweisungen helfen aber nicht, die eigenen Gefühle zu heilen, vielmehr halten sie uns fest in einem Opferbewusstsein. Es stimmt, wir können nicht alles beeinflussen, was uns passiert. Aber wir können sehr wohl entscheiden, wie wir mit bestimmten Erfahrungen umgehen. ***Nur wir selbst haben es in der Hand, was wir aus unseren Gefühlen und Potenzialen machen. Machen Sie Ihre Gefühle lieber zu Ihren Verbündeten, anstatt gegen sie zu kämpfen.*** Horchen Sie aufmerksam in sich hinein, was sie Sie lehren möchten, und versuchen Sie, schwierige Erfahrungen als Dünger für Ihr persönliches Wachstum zu nutzen. ***Je besser Sie sich kennen und für sich einstehen, desto weniger Wut werden Sie im Leben empfinden.***

Eine gute Maxime ist, andere Menschen stets so zu behandeln, wie wir selbst behandelt werden möchten. Seien Sie sich bewusst, dass es etwas mit Ihrem Gegenüber macht, wenn er/sie Ihre Wut spürt, vielleicht Angst in der Person auslöst. Deshalb ist es notwendig, gesunde Ventile für die eigene Wut zu finden, damit wir nicht andere darunter leiden lassen. Ebenso wichtig ist aber zu erkennen, dass Sie mit der Unterdrückung Ihrer Wut immer auch sich selbst verletzen – weil Sie dadurch Ihr inneres Feuer löschen und sich damit Ihrer eigenen Kraft berauben. Ein verantwortlicher Umgang mit Wut bezieht sich nicht nur auf die anderen, sondern auch auf Sie selbst, indem Sie sich dieses Gefühl erlauben und sich nicht schaden, indem Sie es unterdrücken. Seien Sie es sich wert!

Nein sagen und Grenzen setzen

Ein häufiger Grund für Wut ist es, wenn persönliche Grenzen missachtet oder überschritten werden. Das reicht von kleineren unangenehmen Begegnungen im Alltag über Beziehungskonflikte bis hin zu seelischem oder körperlichem Missbrauch. Die Wut ist dabei meist umso größer, je massiver und unsensibler die Grenzüberschreitung ausfällt und je länger sie dauert.

Das Gefühl dahinter ist eine Mischung aus Verletzung, Ausgeliefertsein und Bedrohung. ***Seine eigenen Grenzen wahrzunehmen und im Kontakt authentisch zu benennen – und es sich wert zu sein, sie aktiv und deutlich zu setzen – ist eine Grundvoraussetzung für dauerhaftes Wohlbefinden, denn: Sind wir uns selbst und anderen gegenüber nicht klar über unsere Bedürfnisse und Grenzen, ziehen wir Begegnungen und Umstände an, die uns genau das spiegeln. Sind wir dagegen mit unserer eigenen Kraft und Klarheit verbunden, strahlen wir eine natürliche innere Stärke aus, und unser Umfeld kommt gar nicht auf die Idee, unsere Grenzen zu überschreiten.***

Und doch tun sich viele von uns schwer damit – gerade besonders sozial eingestellte Menschen. Dabei lässt sich auch das Grenzensetzen in jedem Lebensalter noch oder wieder lernen, zum Beispiel mithilfe der folgenden Übung. Sie wirkt umso effektiver, je mehr Sie sich darauf einlassen.

PARTNERÜBUNG

Grenzen setzen

Bitten Sie einen Freund oder Ihren Partner, die Übung mit Ihnen zu machen. Besprechen Sie vorher, worum es geht. Sie können auch nach einem Durchgang die Rollen wechseln, sodass beide drankommen.

- Setzen Sie sich etwas abseits von Ihrem Übungspartner bequem hin, schließen Sie die Augen und vergegenwärtigen Sie sich eine Situation, in der Sie sich besser abgrenzen möchten – beispielsweise am Arbeitsplatz. Fühlen Sie Ihren Körper und seine Impulse, bleiben Sie aber in der Beobachter-Perspektive. Was möchten Sie sagen und wie möchten Sie handeln?
- Öffnen Sie nun die Augen und stellen Sie sich vor, Ihr Übungspartner ist die Person, um die es bei Ihrem Wunsch nach mehr Abgrenzung geht. Spielen Sie jetzt die von Ihnen vorgestellte Situation miteinander durch. Gehen Sie aktiv in das Gespräch und kommunizieren Sie ohne Schnörkel das, was Sie in der realen Situation sagen wollen. Spüren Sie dabei den Boden unter Ihren Füßen und nutzen Sie auch Ihre Stimme und Körpersprache.
- Ihr Übungspartner lässt Ihnen den Raum, den Sie brauchen. Er darf sich dabei so verhalten, wie es Ihr reales Gegenüber vermutlich täte, also schweigen, Ihnen widersprechen oder gar unsachlich werden. Anschließend kann er Ihnen Feedback geben, wie er

Sie wahrgenommen und ob er Ihnen die Botschaft abgenommen hat. Wenn nicht, einfach weiter üben.

Weitere Tipps zum Abgrenzen und Neinsagen

- Nutzen Sie alle Möglichkeiten, um körperlich Ihre Kraft zu spüren, denn das ist die Grundvoraussetzung für eine klare Präsenz. Treiben Sie Sport, zum Beispiel Rückschlag- oder Ballsportarten, in denen Sie ein Gegenüber bzw. einen oder mehrere Gegner haben. So können Sie spielerisch und gleichzeitig körperlich das Thema Abgrenzung spüren und üben, beispielsweise am Abwehr-Kreis beim Handball. Beobachten Sie sich dabei und versuchen Sie diese Kraft auch im Alltag wahrzunehmen.
- Machen Sie für sich allein eine kleine »Nein-Party«, um in die passende Energie zu kommen. Legen Sie rhythmische Musik auf und gehen dazu zügig durch den Raum. Dabei vergegenwärtigen Sie sich Situationen, zu denen Sie in Zukunft Nein sagen möchten. Ballen Sie die Fäuste, spüren Sie Ihre Schritte auf dem Boden und sagen Sie auf Ihre Art laut und deutlich mehrfach Nein. Stellen Sie sich vor, sich als Schauspieler*in auf eine Rolle vorzubereiten –

das hilft, voll und ganz in das passende Gefühl einzutauchen.

- Testen Sie aus, wie viel Raum Sie um sich brauchen, um sich wohl- und sicher zu fühlen. Das können Sie wieder spielerisch im Kontakt mit einem Freund tun, indem Sie beide in Zeitlupe aufeinander zugehen und ganz genau spüren, wo Ihre Grenzen sind und was passiert, wenn Sie diese überschreiten.
- Stellen Sie sich im Alltag bei Bedarf in Ihrer Fantasie eine Grenze zwischen sich und Ihrem Gegenüber vor. Wie sieht diese aus? Ist es ein Zaun, eine Mauer? Sie werden staunen, wie gut das funktioniert.
- Fragen Sie sich nach dem Grund, warum Sie sich mit dem Thema Grenzen schwertun. Was, befürchten Sie, könnte im schlimmsten Fall passieren? Falls Sie Angst vor Sympathieverlust haben, kann ich Sie beruhigen: Sie werden stattdessen vielmehr auf Augenhöhe wahrgenommen, und die richtigen Menschen wissen Ihre Klarheit und auch ein ehrliches Nein zu schätzen.

Ein Nein zum anderen
ist oft ein Ja zu mir selbst.
frei nach Virginia Satir

5

Das Tor zu unserer Kraft

»Klassische« Wutprobleme und ihre Lösung

Ist Wut als gesunde Kraft in der Psyche integriert, darf sie also bei entsprechendem Anlass da sein und achtsam zu sinnvollem Handeln genutzt werden, ebbt sie wie eine Welle auf ganz natürliche Weise wieder ab. Die meisten von uns kennen es, wenn man sich mit jemandem streitet und anschließend wieder versöhnt. Der Ärger ist verflogen, man hat sich ausgesprochen, und Erleichterung und Verbindung sind zu spüren. Die Luft ist wieder klar. Mal wütend zu sein heißt nicht, dass man sich nicht liebt, ganz im Gegenteil. Wut ist ein Gefühl, das uns bei Bedarf schützen soll – aber sie möchte kein Dauerzustand sein und uns blockieren.

Nachfolgend möchte ich ein paar Beispiele dafür geben, was passiert, wenn dieser natürliche Fluss nicht gegeben ist.

Chronische Wut

Manche Menschen bleiben in ihrer Wut stecken, und sie wird chronisch. Beim kleinsten alltäglichen Anlass gehen sie in die Luft, scheinen es manchmal sogar auf gewisse Weise zu genießen, sich so aufzuregen. Diese Menschen tragen eine hohe Ladung in sich und explodieren häufig. So große Wut kann mehrere Ursachen haben:

- chronische Enttäuschung über nicht erfüllte Bedürfnisse
- ein dahinterliegender tiefer Schmerz, der bislang nicht ausreichend gefühlt wurde
- ein sehr einsames inneres Kind, das an die Hand genommen werden möchte
- der große Wunsch, endlich gesehen zu werden und gemeint zu sein
- generelle Unzufriedenheit mit der derzeitigen Lebenssituation.

Die Wut liegt dann sozusagen wie ein Schutzmantel über den tiefer liegenden Emotionen, die zu fühlen allerdings sehr heilsam wäre und es möglich machen würde, sich endlich zu entspannen und einen Weg aus der Dauerwut herauszufinden. Meist hat der betroffene Mensch große Angst vor diesem tiefen Schmerz und noch nie die notwendige menschliche Unterstützung erfahren, ihn zu fühlen – und so bleibt er in der Wut. Sie gibt ihm zumindest ein Empfinden von Kraft und vermeintlicher Überlegenheit, wobei tief in seiner Seele die gegenteiligen Gefühle auf Erlösung warten.

Lösung: Wenn jemand an chronischer Wut leidet, braucht er in erster Linie den klaren Willen, sich seinen dahinterliegenden Gefühlen zu stellen, und oft auch verständnisvolle Unterstützung dabei. Auf körperlicher Ebene helfen viel Ausdauertraining oder auch Kampfsport, die hohe innere Ladung abzubauen. Die indische Lehre des Ayurveda sieht viel Hitze in einem solchen Temperament und empfiehlt diesem sogenannten Pitta-Typen eine bestimmte Ernährung mit »kühlenden« Lebensmitteln.

Kein Zugang zur Wut

Manch einer hat keinerlei Zugang zu seiner Wut. Menschen, die gar nicht wütend werden können, haben oft ein sehr liebenswürdiges Naturell und meiden Konflikte. Sie müssen aber aufpassen, dass ihre Gutmütigkeit nicht ausgenutzt und ihre persönliche Grenze nicht überschritten wird. Manchmal äußert sich die nicht gefühlte Wut dann in Form von autoaggressiven Symptomen oder Erkrankungen. Oder derjenige versucht seinen Unmut an anderer Stelle loszuwerden, ist im persönlichen Kontakt zwar freundlich, redet aber hinter dem Rücken der anderen schlecht über sie. Wut sucht sich immer ihren Weg. ***Wichtig ist zu erkennen, dass das eigene Getrenntsein von der Wut auch ein Gefühl der Trennung vom Gegenüber bewirkt. Ehrlich ausgedrückte Gefühle hingegen bringen uns einander (wieder) näher.***

Lösung: Ein vertrauensvoller therapeutischer Kontakt kann den Rahmen geben, langsam das Potenzial gesunder Aggression zu entdecken. Das klappt nicht von heute auf morgen, denn die Unterdrückung der eigenen Kraft reicht meist weit in die persönliche Biografie zurück. Ein sehr effektiver Schlüssel zur Wut ist therapeutische Körperarbeit. Atemsitzungen machen die eigene Kraft im Bauch körperlich und unmittelbar erlebbar und laden ein, die lange unterdrückten körperlichen Impulse auszudrücken, was eine Wohltat für Körper und Seele bedeutet.

Andere Menschen als Blitzableiter nutzen

Es ist natürlich in keinster Weise zu rechtfertigen, wenn Menschen ihre Wut und ihren Zorn unachtsam ausagieren und andere darunter leiden müssen. Nur ein verantwortungsvoller und bewusster Umgang mit dieser Energie macht sie zu einer positiven Kraft. Man könnte sie mit einem Kampfhund vergleichen, der an der Leine geführt wird. Es liegt immer in der Verantwortung des Herrchens, die Kontrolle zu behalten, damit sein Hund niemanden beißt.

Lösung: Wenn jemand sehr wütend ist und das seine Umwelt ausbaden lässt, ist dringend mehr Eigenverantwortung gefragt. In vielen Fällen kann es sinnvoll sein, sich in therapeutische Behandlung zu begeben, um sich seiner Bedürfnisse und der Konsequenzen seines Handelns bewusster zu werden und einen neuen Umgang mit seinen Emotionen zu lernen.

Wut und körperliche Gewalt

Gewalt zu erfahren ist eine der schlimmsten Grenzüberschreitungen, die uns geschehen können, und schlägt massive seelische und körperliche Wunden. Genauso verletzt und verzweifelt wie das Opfer fühlt sich vermutlich im Innersten auch der Täter, der durch sein unkontrolliertes Handeln die gleichen Wunden auch anderen zufügt.

Lösung: Wenn unkontrollierte Wut in Gewalt ausartet, besteht immer der erste Schritt darin, Sicherheit zu schaffen, notfalls auch durch ein Eingreifen von außen. Opfer von Gewalt sollten schnellstmöglich Abstand zum Täter gewinnen. Besonders in den sensiblen Seelen von Kindern hinterlassen Gewalterfahrungen, beispielsweise durch einen alkoholisierten prügelnden Elternteil, tiefe Traumatisierungen und starke Gefühle von Schuld und Scham. Scheuen Sie sich nicht, als Opfer von Gewalterfahrungen externe Hilfe aufzusuchen.
Die gewalttätige Person braucht ebenfalls dringend – therapeutische – Hilfe. Sie muss lernen, ihre unkontrollierten Impulse anders zu kanalisieren, zum Beispiel durch Sport, einen Boxsack, körperliches Auspowern. Ihr muss klar werden, dass ihr seelisches Leid nicht weniger wird, wenn sie anderen Gewalt zufügt, ganz im Gegenteil.

»Alte« Wut

Wir verfügen nicht nur über das biologische Erbe unserer Vorfahren, wir tragen auch alle ein emotionales bzw. energetisches Erbe in uns. Unverarbeitete Traumata vorangegangener Generationen, wie Kriegserfahrungen, Missbrauchsgeschichten, Generationskonflikte, haben bis in die Gegenwart in unseren Zellen und unseren Familien ihre Spuren hinterlassen. Was nicht verarbeitet wird, so die Auffassung der modernen Psychologie, wird an die nächste Generation weitergegeben. Ich habe den Eindruck, dass heute viel emotionale Heilungsarbeit geleistet wird, zu der frühere Generationen aufgrund der Umstände nicht imstande waren. Vielleicht beschäftigt Sie das Thema Wut, ohne dass Sie in Ihrem eigenen Leben entsprechende Gründe dafür finden. Dann könnte »vererbte« Wut dahinterstecken.

Lösung: Beschäftigen Sie sich mit dem Leben Ihrer Eltern und Großeltern. Nutzen Sie beispielsweise Familienaufstellungen und systemische Therapieansätze, um Einblick in die emotionalen Dynamiken Ihres Familiensystems zu erhalten und die Ursache Ihrer Wut aufzudecken. Möglicherweise empfinden Sie die Wut, die Ihre Oma in ihrem Leben nie spüren durfte? Sie sind Teil Ihrer Familie, wie auch immer Ihre Beziehung zu den einzelnen Mitgliedern aussehen mag. Als solches tragen Sie deren Geschichte und Potenziale in sich und können durch innere Arbeit viel Heilung bewirken – nicht nur individuell, sondern auch kollektiv. Vielleicht gelingt es Ihnen, Wachstumsschritte zu gehen, die Ihr gesamtes Familiensystem entlasten. Eine gute Verbindung zu allen, die vor Ihnen kamen, und allen, die noch kommen werden, wird Sie Frieden und Einklang finden lassen.

Wut auf sich selbst

Viele Menschen empfinden auch Wut auf sich selbst. Eine vertane Chance, ein ungerechtes Verhalten einem nahestehenden Menschen gegenüber, ein nicht gutzumachender Fehler in der Vergangenheit – all dies können Gründe sein, mit sich zu hadern und wütend auf sich selbst zu sein. Selbstschädigendes Verhalten, gewissermaßen als Selbstbestrafung, ist häufig die Konsequenz.

Lösung: Wut auf sich selbst zu haben ist manchmal durchaus verständlich, aber für niemanden förderlich. Die Vergangenheit können wir nicht mehr ändern, wohl aber die Gestaltung unserer Gegenwart und Zukunft. Wenn Sie jemand anderem wehgetan haben durch unachtsames Verhalten, suchen Sie das Gespräch und versuchen Sie, den Schaden wiedergutzumachen. Das wird nicht nur die andere Person, sondern auch Sie selbst entspannen. Versuchen Sie darüber hinaus, aus der Situation eine positive Lehre zu ziehen, und verzeihen Sie sich selbst: Wir sind schließlich alle nur Menschen und machen Fehler.

Wut und Vergebung

Vielleicht empfinden Sie so große Wut auf einen Menschen, dass Sie sich nicht vorstellen können, jemals Frieden mit ihm zu finden. Möglicherweise handelt es sich dabei um einen Elternteil oder einen Ex-Partner, und Ihr Schmerz sitzt sehr tief. Was Sie mit diesem Menschen erlebt haben, hat Sie so verletzt, dass Sie Ihre Wut wie eine Schutzmauer zwischen sich und Ihrer Umwelt aufgebaut haben, damit so etwas nicht noch einmal passieren kann. Das ist sehr verständlich, denn niemand möchte verletzt werden. Und die Wut ist auch schon ein Schritt heraus aus der Hilflosigkeit. Allerdings blockiert das dauerhafte Festhalten an dieser Wut Ihren eigenen Lebensfluss, und Ihre Schutzmauer hält auch positive Energien auf Abstand.

Lösung: Keine Sorge, es geht nicht darum, dass Sie jemandem vergeben müssen, wenn sich das nicht richtig für Sie anfühlt. Der gegenwärtige spirituelle

Trend zur Vergebung übersieht leider oft, dass für eine ehrliche, von Herzen kommende Vergebung in den meisten Fällen zuvor einige schmerzhafte Gefühle angeschaut werden müssen. ***Mein Anliegen ist in erster Linie, dass Sie sich selbst befreien und Ihr Herz wieder öffnen, anstatt es den Rest Ihres Lebens verschlossen zu halten.***

Schauen Sie, was Sie brauchen, um der Wut in sich Ausdruck zu verleihen. Sämtliche Methoden und Techniken, die Sie weiter oben in diesem Buch finden, sind dafür gut geeignet. Lassen Sie in einem geschützten Rahmen alles heraus: die aufgestaute Aggression, den Schmerz, vielleicht sogar ein Gefühl von Hass. Gefährlich ist nur, was wir dauerhaft in uns unterdrücken – trauen Sie sich deshalb, auch diese dunkle Seite in sich zu fühlen und in Fluss zu bringen. Das allein wird Sie vermutlich schon ein gutes Stück befreien, und auf diese Welle der Entladung wird möglicherweise etwas Neues folgen. Vielleicht gelingt es sogar, dass der Schmerz, der dahinterliegt, heilen kann und Sie sich nicht ein Leben lang hinter Ihrer Schutzmauer einschließen müssen. Auch Vergebung wird oft viel leichter, wenn die verletzten Gefühle dahinter einen Raum bekommen und gewürdigt werden.

An der Wut festzuhalten
ist wie Gift zu trinken und zu hoffen,
dass der andere stirbt.
Buddha

Die Wut als Freund erkennen

Bedenken Sie, dass Gefühlszustände nie von Dauer sind, solange sie einfach da sein dürfen. Fragen Sie Ihre Wut deshalb stets, was sie Ihnen sagen möchte. Pflegen Sie einen freundlichen und achtsamen Umgang mit ihr, besonders im Kontakt mit anderen Menschen. Suchen Sie sich gesunde Ventile. So können Sie in der Wut einen Freund erkennen, jemanden, der auf Ihrer Seite ist und Sie unterstützen möchte. Der immer mal wieder anklopft und sagt: *Hey, mir ist aufgefallen, dass da etwas im Ungleichgewicht ist. Bitte ändere das doch.* Und von dem Sie vielleicht auch mal längere Zeit gar nichts hören.

Ist die Wut ein dauerhafter Gast in Ihrem Leben, sollten Sie sich folgende Fragen stellen:

- Gibt es alte Wunden in mir, die noch mehr Zuwendung und Heilung brauchen, möchte Geschehenes aus der Vergangenheit endlich ausgiebig betrauert und Unrecht endlich geradegerückt werden?

- Oder gibt es ein Defizit in meinem gegenwärtigen Leben, das ich bisher nicht beachtet habe? Bin ich wirklich glücklich in meiner Beziehung/meinem Job? Stecke ich zu viel zurück? Führe ich ein Leben nach meinen eigenen Vorstellungen oder nach denen anderer? Sind meine Kompromisse gesund?

Seien Sie gewiss, dass das Leben Sie unterstützt, wenn Sie beschließen, gut für sich zu sorgen und authentisch Ihrer Wahrheit folgen.

In Einklang mit dem Leben kommen

Jeder von uns wünscht sich Erfüllung und Zufriedenheit, glückliche Beziehungen und ein Gefühl von Einklang mit dem Leben. Ich glaube auch, dass dies für jeden von uns möglich ist und wir alle ein Geburtsrecht darauf haben, unabhängig von unserer Herkunft und Vergangenheit. Dazu müssen wir uns bewusst werden, dass wir selbst der Gestalter unseres Lebens sind, unseres eigenen Glückes Schmied. Die Zufriedenheit, die viele von uns zunächst im Außen suchen, gilt es in Wahrheit in unserem Inneren zu finden. Dann öffnet sich uns eine neue Welt.

Frieden im Inneren finden wir, wenn wir unsere verletzten Anteile wahrhaft annehmen mit unserem Herzen und nicht länger ankämpfen gegen unseren eigenen Schatten, unsere Verletzungen und vermeintlichen Schwächen. Wut gehört oft zu diesem Prozess dazu und braucht ihren Raum, um ihre Rolle als Antrieb für positive Veränderungen und Wachstum zu erfüllen. Sie verrät Ihnen wie ein Barometer, wer und was Ihnen guttut, und signalisiert wie eine rote Warnlampe, wenn etwas aus dem Gleichgewicht geraten ist. Je mehr wir uns erlauben, unsere persönliche innere Wahrheit auszudrücken – alle Facetten davon –, desto stimmiger entwickelt sich unser Leben, und alles fällt mehr und mehr an seinen Platz.

Innere Arbeit wird stets belohnt. Je besser wir uns selbst kennenlernen, desto mehr erkennen wir in unserem Leben eine perfekte Bühne, einen Spiegel, eine Schule für unsere Lernaufgaben. Die Themen und Menschen, die uns am meisten triggern und wütend machen, sind in Wahrheit unsere größten Lehrer, ein Schlüssel zu unserer Entwicklung.

Körper, Geist und Seele sind ein wunderbares, einzigartiges, sich weitgehend selbstregulierendes System. Die Energie, die hinter allem steht, möchte fließen. Gelingt es uns, intuitiv immer mehr dieser großen Weisheit zu vertrauen, die in uns und dem Leben selbst wohnt, sind Wachstum und Entfaltung die natürlichen Folgen.

Und nicht zuletzt: Gönnen Sie sich stets eine gesunde Portion Humor – er ist eine äußerst hilfreiche Zutat im Spiel des Lebens.

Von der Wut zur Liebe

Es mag sich paradox anhören, aber Wut und Liebe liegen gar nicht so weit auseinander. Dabei scheinen diese beiden Qualitäten auf den ersten Blick so konträr zu sein:

Während die Liebe als höchstes der Gefühle gilt, wird die Wut oft als unheilig, nicht spirituell oder sonst wie negativ bewertet. Liebe führt uns zusammen, Wut scheint uns zu trennen. Liebe wohnt im Herzen, Wut im Bauch. Ein liebevoller Mensch ist überall gern gesehen, eine wütende Person eher nicht. Wie also sollen wir durch die Wut zur Liebe kommen?

Alles in unserem Leben unterliegt dem Gesetz der Polarität. Es gibt Tag und Nacht, Gesundheit und Krankheit, Regen und Sonne – und die menschliche Eigenschaft, alles als »gut« oder »schlecht« zu beurteilen. Das gilt auch für Gefühle: Liebe ist gut, und Wut ist schlecht – das denken zumindest viele. Dabei stellt sich doch die Frage, warum die Schöpfung uns mit all unseren unterschiedlichen Gefühlen ausgestattet hat, wenn sie nicht alle einen Sinn hätten?

Ich habe die Erfahrung gemacht und glaube fest daran, dass Liebe und Verbundenheit immer intensiver werden, je wahrhaftiger wir mit allen unseren Gefühlen und Aspekten umgehen. Das bezieht sich sowohl auf die Selbstliebe als auch auf die Liebe in einer Beziehung zwischen zwei Menschen. Liebe wächst in dem Ausmaß, in dem alles sein darf – auch Wut.

Stellen wir uns ein Paar vor, zwei ganz normale Menschen mit ihren irdischen Stärken und Schwächen. Um die Beziehung nicht zu gefährden, erlauben sie sich nur die angenehmen Gefühle. Da unterschiedliche Gefühle zum Leben und jeder engen Beziehung dazugehören, muss sich, wenn der Himmel immer nur rosarot sein darf, zwangsläufig mindestens einer der beiden anpassen. Was nicht ausgesprochen wird und nicht sein darf, wirkt aber in Wahrheit trennend und nicht verbindend. Es macht unterschwellig wütend. Dagegen ermöglicht eine ehrliche Auseinandersetzung, in der alle Gefühle und Bedürfnisse ihren Raum haben, sich wirklich und authentisch (auch nach einem Konflikt wieder) nahezukommen.

Durch Wut zur Selbstliebe

Wenn wir beginnen, Ja zu sagen zu all unseren inneren Impulsen – auch denen, die oft lange unterdrückt wurden –, kommt unsere Energie auch körperlich endlich in Fluss, und wir fühlen uns wieder lebendig. Dieses befreiende Aufwachen aus der inneren Erstarrung bewirkt oft, dass das Leben auch auf anderen Ebenen in die richtigen Bahnen gelenkt wird. Gefühle wie Wut zu empfinden – und auf angemessene Weise auszudrücken – kann uns aus Opferbewusstsein, Machtlosigkeit und Überanpassung herausbringen und wieder unsere Kraft erlebbar machen. Außerdem wird der Mut zur Wut oftmals durch ein inneres Empfinden von Selbstliebe belohnt.

Wut und Spiritualität

Gerade wenn es um Persönlichkeitsentwicklung, Spiritualität und Meditation geht, beobachte ich oft, dass im Namen von Licht und Liebe und falsch verstandenem positivem Denken alles Dunkle und scheinbar nicht Lichtvolle verdrängt oder verleugnet wird. Dabei gehören Schattenanteile und die dunklen oder schwierigen Gefühle zu unserer Persönlichkeit und sind in Wahrheit sogar der Motor für jedes seelische Wachstum. Gefährlich sind sie nur, wenn sie verleugnet werden und im Verborgenen schwelen. Dann nämlich entwickeln sie oft selbstzerstörerische Kräfte, die sich nicht selten in autoaggressiven Symptomen äußern.

Wut ist nicht »unspirituell«, wenn sie achtsam und konstruktiv genutzt wird, ganz im Gegenteil: Sie besitzt großes Heilungspotenzial. Heilung bedeutet, ganz zu werden. Ganz werden wir, wenn wir alle Teile von uns integrieren und erkennen, dass sie uns wachsen lassen möchten. Jeder Aspekt, jeder Persönlichkeitsanteil hat einen Sinn.

Deshalb plädiere ich für einen ehrlichen, authentischen Umgang mit Wut und die Möglichkeit, diese Kraft achtsam in gesunde und sinnvolle Bahnen zu lenken. Dann nämlich zeigt sie uns ihre positive

Absicht, wird zu unserem Freund und oft zum Schlüssel für gute Veränderungen im Leben.

Authentisch sein

Es ist für ein Leben im Gleichgewicht wichtig, authentisch mit dem zu sein, was gerade ist – und manchmal ist das eben Wut. Viele Methoden versuchen leider den ersten Schritt der Wahrnehmung zu umgehen und direkt zu analysieren, was dahinter verborgen liegt – um des lieben Friedens willen oder um intensive Gefühle zu vermeiden. Keine Frage, in manchen Fällen ist Deeskalation auch durchaus angebracht. Doch wenn wir uns von unserem Gefühl und unserer Kraft abschneiden und stattdessen intellektualisieren und analysieren, hat weder unser Körper noch unser emotionales System die Gelegenheit, eine natürliche kraftvolle Welle in ihrem ganzen Potenzial zu erleben und deren Energie umzusetzen. Ein biologischer Impuls wird abgebrochen statt vervollständigt, und nicht selten entsteht das Gefühl, auf der Wut sitzen zu bleiben. Ehrlicher und in meinen Augen auch spiritueller ist es, zu seinem Gefühl zu stehen und es offen und achtsam auszudrücken – und damit für eine gesunde Entladung zu sorgen.

Wut und Meditation

Ich selbst bin eine große Freundin von Meditation. Allerdings sollte sie in den richtigen Momenten und im Einklang mit dem Körper stattfinden. Dann kann sie hervorragend genutzt werden, um das eigene Empfinden zu beobachten und zu ergründen. Wut wegmeditieren zu wollen ist dagegen weder gesund noch ehrlich. Akute Wut als Energie braucht Aktion und Handlung und kann dann sehr produktiv umgesetzt werden. Wieder gilt es, auf die Weisheit des eigenen Körpers und seine Impulse zu hören. Wenn Sie gerade Wut empfinden, macht es Sinn, zunächst körperlich – wie weiter oben beschrieben – die Energie abzureagieren und erst danach zu meditieren. Sie könnten zum Beispiel nach dem Sport meditieren oder sich eine Runde schütteln oder tanzen, bevor Sie auf Ihrem Meditationskissen in die Stille gehen.

Eine wirksame und körperorientierte Meditationsform bei Wut ist zum Beispiel die bereits beschriebene dynamische Meditation. Mit ihrer zehnminütigen kathartischen Phase ermöglicht sie Ihnen, sich körperlich und stimmlich auszudrücken, bevor später in der Ruhephase Raum für innere Beobachtung entsteht.

Heilen und wachsen

Alle offen zutage tretenden Laster
sind weniger schlimm; am gefährlichsten
werden sie, wenn sie sich unter dem Mantel
seelischer Gesundheit verstecken.
Michel de Montaigne, französischer Philosoph

Wir leben in einem Zeitalter, in dem unsere verdrängten Schattenanteile stärker denn je ans Licht drängen – sowohl individuell als auch kollektiv. Das Ausmaß der Spaltung zwischen innerem Zustand und äußerem Schein wird deutlich, wenn wir uns einerseits die »heile« Welt anschauen, die uns in den sozialen Medien vorgegaukelt wird, und andererseits in den Nachrichten immer wieder von Terroranschlägen hören. Der ihnen zugrunde liegende blanke Hass bedarf dringend der Heilung – und diese beginnt in uns selbst. Der Zustand der äußeren Welt spiegelt in Summe unser eigenes menschliches Bewusstsein. Je mehr jeder Einzelne von uns innerlich heil wird und zu einem Gefühl von Verbundenheit zurückfindet, desto mehr Menschen werden sich dadurch ebenfalls an ihre Verbundenheit mit dem großen Ganzen erinnern und sich bewusster und achtsamer verhalten. Zum

Glück sind so viele auch schon auf dem Weg – einschließlich Ihnen, die Sie dieses Buch hier lesen!
Heilung geschieht durch eine Rückkehr zur Natürlichkeit, einen Zustand von innerem und äußerem Gleichgewicht, von Energie, die fließen darf. Das bezieht sich auf unsere Umwelt genauso wie uns selbst. Und Wut ist eines von vielen Gefühlen, das wie jedes andere im Fluss sein und uns auf unserem persönlichen Weg weiterbringen möchte. Wie auch jede andere Emotion bleibt sie nicht auf Dauer, wenn wir ihr unsere Aufmerksamkeit schenken, achtsam mit ihr umgehen und sie sinnvoll nutzen.
Wenn wir Gefühle annehmen und durch sie hindurchgehen, wachsen wir. Nur wenn wir Gefühle in uns blockieren, bleiben wir stecken oder werden sogar krank. Es ist wie in der Natur: Gewitter reinigen die Luft. Gönnen Sie sich ruhig dann und wann ein kleines Donnerwetter, wenn es nötig ist.

Wut ist einer von vielen vermeintlichen inneren Dämonen, die sich wandeln, sobald wir sie umarmen. Wenn wir aufhören, uns gegen verdrängte Anteile und Kräfte in unserem Inneren zu wehren, werden sie zu Wegweisern, die uns zu einem Zustand von Ganzheit und innerem Frieden zurückführen können.

8 GOLDENE WUT-REGELN

1. Sie dürfen wütend sein – dieses Gefühl ist legitim! Erlauben Sie sich, ehrlich zu fühlen, was ist.

2. Spüren Sie Ihren Körper und nutzen Sie gesunde Ventile, um Spannung abzubauen und Ihre Kraft in Fluss zu bringen. Bewegen Sie sich, atmen Sie tief und nutzen Sie Ihre Stimme.

3. Achten Sie auf Ihre eigenen Grenzen genauso wie auf die Grenzen anderer. Bleiben Sie respektvoll und achten Sie darauf, niemanden zu verletzen.

4. Erkennen Sie die Botschaft Ihrer Wut. Zu welcher Handlung ruft sie Sie auf?

5. Welche Ihrer Bedürfnisse wurden verletzt? Wie können Sie in Zukunft besser für sich sorgen?

6. Übernehmen Sie Verantwortung und handeln Sie. Gehen Sie aktiv Schritte positiver Veränderung.

7. Kommunizieren Sie in Ich-Botschaften. Benennen Sie ehrlich, was Sie fühlen. Formulieren Sie Bedürfnisse und Wünsche statt Vorwürfen.

8. Umarmen Sie sich selbst!

Ich wünsche Ihnen nur das Beste auf Ihrem persönlichen Weg, vor allem eine gesunde Portion Mut zur Wut. Nutzen Sie Ihre Kraft, um Ihr Leben in die richtigen Bahnen zu lenken und authentisch Ihre Wahrheit auszudrücken. Der Rest kommt von allein!

Zum Weiterlesen

Dufour, Dr. Daniel: *Wut ist gut. Wie unsere Emotionen uns helfen und heilen können.* Murnau: Mankau Verlag 2005

Gershon, Michael: *Der kluge Bauch: die Entdeckung des zweiten Gehirns.* München: Goldmann Verlag 2001

Kast, Verena: *Vom Sinn des Ärgers: Anreiz zu Selbstbehauptung und Selbstentfaltung.* München: Herder Verlag 2010

Kastner, Adelheid: *Wut – Plädoyer für ein verpöntes Gefühl.* Wien: Verlag Kremayr und Scheriau 2014

Levine, Peter A.: *Sprache ohne Worte: Wie unser Körper Trauma verarbeitet und uns in die innere Balance zurückführt.* München: Kösel Verlag 2011

Lowen, Alexander: *Bioenergetik: Therapie der Seele durch Arbeit mit dem Körper.* Reinbek: Rowohlt Verlag 2008

Osho: *Das Hara Buch: Zurück zur Quelle der Lebenskraft.* Köln: Innenwelt Verlag 2009

Rosenberg, Marshall B.: *Was deine Wut dir sagen will.* Paderborn: Junfermann Verlag 2013

Lebenshilfe auf den Punkt gebracht

Achtsamkeit hilft uns, mit den Herausforderungen des Lebens geschickter umzugehen – und dabei die kleinen Freuden des gegenwärtigen Augenblicks aus vollem Herzen zu genießen. Die kompakten Pocketguides bieten einen unkomplizierten Einstieg: Eine Fülle an Übungen und Impulsen zeigt, wie sich Achtsamkeit konkret im Alltag umsetzen lässt.

ISBN 978-3-95803-221-7

ISBN 978-3-95803-242-2

ISBN 978-3-95803-565-2

ISBN 978-3-943416-95-4

Weitere erfolgreiche Titel aus der Reihe »Achtsam leben«

»Das größte aller Wunder ist es,
lebendig zu sein. Achtsamkeit ermöglicht uns,
dieses Wunder zu berühren.«

Thich Nhat Hanh

Mehr über unsere Bücher unter www.scorpio-verlag.de

ISBN 978-3-95803-008-4

ISBN 978-3-943416-92-3

ISBN 978-3-95803-009-1

ISBN 978-3-943416-94-7

Gefühle sind wichtige Wegweiser

Klappenbroschur, 224 Seiten
ISBN 978-3-95803-344-3

Die meisten Menschen haben gelernt, Gefühle wie Wut, Scham oder Trauer auszublenden oder zu bekämpfen. Und doch haben diese genauso viel Sinn und Daseinsberechtigung wie Freude, Liebe und Geborgenheit. Ein gesunder Umgang mit unseren Gefühlen – angenehmen wie unangenehmen – ist in Zeiten von Unsicherheit und Angst wichtiger denn je, um gesund zu bleiben.

Stefanie Carla Schäfer gibt uns einen Leitfaden für eine persönliche Inventur der Gefühle, die Arbeit mit dem eigenen Schatten und praktische Erste-Hilfe-Strategien bei Gefühlskrisen.

www.scorpio-verlag.de

Lass dein Licht leuchten!

Klappenbroschur, 176 Seiten
ISBN 978-3-95803-491-4

Happy Woman erinnert Frauen daran, sich als kreative Schöpferin des eigenen Lebens zu begreifen. Stefanie Carla Schäfer motiviert uns, egal wo wir aktuell im Leben stehen, das Glück selbst in die Hand zu nehmen und zeigt, wie wir unser Leben in vier Schritten im Einklang mit unseren Talenten und Sehnsüchten gestalten. Das Buch ist ein einfühlsamer und darüber hinaus humorvoller Reisebegleiter auf dem Weg zu weiblicher kreativer Selbstverwirklichung. Es ist ein Mutmacher, für die eigenen Träume loszugehen.

SCORPIO